Ich und Welt – Mensch und Gott

Meditative Betrachtungen zur Lage der Zeit

Herausgeber: Perceval-Institut für Kosmologie und christliche Hermetik

Herstellung und Verlag: BoD - Books on Demand, Norderstedt

ISBN: 9783751948272

Den Nöten der Zeit
zur Besinnung und zum Heil

Teil 1
Ich und Welt

Gedanken zur Lage der Zeit

Inhaltsverzeichnis:

Seite:

Ich und Welt
Gedanken zur Lage der Zeit

Wegweisung

Genügsam und zufrieden mögen wir doch
dem ungewiss Bekannten entgegen gehen.

Was die Pflanze uns lehrt im Äußeren,
sei Du, oh Mensch, im Inneren.

Wurzle standhaft in der hohen Ordnung
der ewigen Gesetze des Sternen-Alls.
Entblättere Deine Seele im lebendigen Gespräch.
Erblühe in Deinen Lebenstaten.
Schenke die reifen Früchte zum Danke der Erde.

So können wir vollenden,
was der Lauf der Welt begann.
Die Zukunft kommt entgegen.

F.S. 6.1990

<u>Vorwort</u>

Wenn man wie ich als Künstler öfters zu Vernissagen geht, so kann man immer wieder beobachten, wie sich die anwesenden Kunstinteressierten zunächst an die ausgestellten Bilder und Objekte wenden, mit der Zeit jedoch bei Sekt und Gesprächen eher ein unterhaltendes Element zutage tritt. Da wird dann recht leicht ersichtlich, dass dem ausstellenden Künstler nicht das Hauptinteresse zuteil wird, manchmal auch nicht einmal den Kunstwerken, sondern oftmals mehr dem „Sehen und Gesehen werden", also mehr dem Event-Charakter, dem die Kunst dabei dienen darf.

5

Nun, wenn ein bekannter Name, also ein prominenter Künstler anwesend ist, ändert sich natürlich die offensichtliche Lage. Dann wird recht leicht ein Personenkult daraus. Im Normalfall aber interessiert der Künstler nur, wo er studiert und wie viele Ausstellungen er schon hinter sich hat. Dass die Kunst aber nicht nur mit der Ausbildung und Förderung seitens der Galeristen, der Mäzene und den Studiumsleitern, wie den Hochschulprofessoren zu tun hat, dürfte einleuchtend sein. Vor allem die schicksalhafte Biographie eines Menschen, die Schwierigkeiten und Zerwürfnisse im Leben und der Umgang mit Tiefen und Krisen machen den Künstler erst reif für seine Werke. Das Kunstwerk kann sodann ein Ausdruck sein für das innere Schaffen und Ringen des Künstlers.

In diesem Sinne möchte ich auch meine schriftlichen Werke verstanden wissen. Ich habe für mich im Laufe meiner Biographie drei Berufe beziehungsweise Berufungen gewählt:

- den Kosmologen, der sich mit geistigen Fragen und Forschungen beschäftigt, deren Resultate meine Schriften sind,

- den Therapeuten, der sein Wissen und Können den Mitmenschen in Beratungen und Behandlungen zur Verfügung stellt

- und den Künstler, der in Bildern, Objekten und Gedichten seinem inneren Suchen und Ringen einen kreativen Ausdruck verleihen kann.

Alle drei Bereiche durchdringen sich dabei. So sind meine Schriften auch in einem künstlerischen Sinne und Arbeiten entstanden und zwar meistens in der Begegnung und Auseinandersetzung mit bestimmten Menschen und Zeitereignissen.

Die vorliegende Arbeit ist zum Beispiel das Resultat einer Anfrage von Anton Kimpfler, ob ich meine Tätigkeiten im Rahmen eines von ihm geleiteten Seminars vorstellen möge. Natürlich hätte dafür das bisher von mir Geschaffene genügt. Doch ich wollte auch etwas zum Seminarthema beitragen. Ein diesbezüglicher Gedanke, einmal angefangen und bedacht, wird daraufhin fast zu einem „Selbstläufer" und ein begonnenes Thema erweitert sich mehr und mehr, ohne vorher zu wissen, wohin es führen will. Erst zum Schluss kehrt Erleichterung, Freude, Ruhe und Zufriedenheit ein.

Ein Künstlerleben ist nichts Beständiges, es führt an Aufgaben heran, ohne vorher zu wissen, was einmal daraus werden soll. Das Neue entsteht oftmals erst nach Zeiten der Bedrückung, des Ungewissen und des Leeren. Man geht mit Fragen und Ahnungen durch die Welt, so lange bis die Zeit herangereift ist und man fähig wird, dem inneren Drängen und Rumoren, in Gedanken oder in Farben, Tönen, Materialien einen Ausdruck zu verleihen. Ist das Werk gelungen, ist die Freude groß. Doch bald darauf folgt ein nächstes Tief, ein „Loch" und damit eine zukünftige Aufgabe. Sie wartet in diesem „Nichts", das erst gefunden werden will und das solange umgarnt und durchwandert werden muss, bis es sein Geheimnis freigeben kann.

Das ist es, was das Künstlerleben so anstrengend macht: immer wieder anfangen im Nichts, bei Null. Das muss man aushalten können. So meine ich auch, dass man bestimmte Berufungen nicht selbst auswählen kann, in dem man zum Beispiel einige Kunstkurse besucht und sich mit bestimmten Techniken ausgesuchten Motiven zuwendet. Diese Tätigkeit nenne ich ein Kunsthandwerk. Das Handwerk allein macht aber noch nicht den Künstler. Dieser wird erst gebildet durch das Leben selbst, nämlich durch die individuelle Biographie.

Auch ein Therapeut, der natürlich durch entsprechende Ausbildungen sein Handwerkszeug beherrschen muss, ist dadurch noch kein Heiler. Dieser bildet sich im Leben, vor allem, wenn der Mensch das Heil in sich selbst gefunden hat beziehungsweise immer weiter danach streben will.

Der Kosmologe ergründet die Ordnungen in der Schöpfung. In allem ist System, Struktur und Gesetz. Die Gesetze der Natur, des Lebens, der Seele und des weiten Alls, sie bestimmen unser Schicksal. Dieses zu ergründen macht uns mit der Zeit liebend und weise. Kosmische Ordnungen zu erkennen und sie im Leben anzuwenden, führt den Menschen zu echter Freiheit hin.

Eine menschliche Freiheit entsteht natürlich erst, wenn auch die

Möglichkeit vorhanden ist, sich gegen die Ordnung, sich gegen den Kosmos zu stellen. Diese Verneinung führt längerfristig gesehen jedoch in eine Sackgasse hinein, so wie dies heute weltweit zum Beispiel im drohenden Klimakollaps, in immer neuen Krankheiten und der Zerstörung der Natur zutage tritt. Ist der Mensch weise, so lebt er in den Ordnungen der Schöpfung. Dadurch wird er in seinem individuellen Leben geführt und gestärkt.

Da der Mensch aber nicht nur den guten Geistern zugetan ist, sondern im Leben auf der Erde mannigfachen Verführungen und Attacken dunkler Wesenheiten ausgesetzt ist, wird er immer wieder irren. Daraus können wir lernen und uns dadurch sogar weiter entwickeln, neue Fähigkeiten erlangen!

Eine Biographie zeigt nun im einzelnen Menschen Möglichkeiten, Wege und Stufen eines individuellen Lernens. Manchmal kann ein Leben jedoch so verworren erscheinen, dass darin kaum mehr ein roter Faden zu finden ist. Dann wird es nötig sein, auch karmische Gesichtspunkte aus früheren Leben heranzuführen. Doch auch hier ist oftmals eine künstlerische Arbeitsweise angesagt: sich langsam, achtsam und behutsam den Tiefen zu nähern, alles anzunehmen, was im Innen und Außen erscheinen will, es in sich so lange zu bewegen, zu meditieren, bis es reif geworden ist, das heißt, bis es in Klarheit erscheint. Im Leben ist dies oftmals ein langwieriger Prozess, dessen Früchte, wie in einem Kunstwerk, am Ende erscheinen werden. Was ist das Produkt, was sind die Früchte meines Lebens? Sind es irdische Erfolge, sind es Besitz, Ansehen und Anerkennung?

Viele frühere und auch heutige Künstler gingen in diesem Sinne „leer" aus, doch die Nachwelt hat aus deren Schaffen oftmals einen reichen Segen.

Meine persönliche Biographie ist bisher alles andere als „erfolgreich", in einem materialistischen Sinne oder was dem normalen Leben, dem „Standard" entspricht. Mein Schaffen und mein Werk ist aber nicht ohne diese Biographie zu denken.

So will ich im folgenden Abschnitt signifikante Stufen und Wege meiner Biographie darstellen, die vielleicht ein wenig erahnen lassen, aus welchem Geist meine Werke inspiriert sind.

Das Tagungsthema beim Treffen der Zeitschrift Wege lautete damals: Die aktuelle Weltsituation und das heutige Christus-Wirken. Ich habe versucht, für meine einstündige Vorstellung an dieses Thema anzuknüpfen. Der Umfang meiner Vorbereitungen wurde jedoch so groß, dass ich das gesammelte Wissen niemals in einer Stunde Vortrag hätte unterbringen können. So habe ich mich entschlossen, doch wieder eine kleine Schrift daraus zu erstellen.

Ich werde dabei nicht so sehr auf die äußere Weltsituation eingehen, sondern eher auf die innere Haltung und Einstellung vieler Zeitgenossen, denn diese bestimmen die Welt von morgen.

Der Mensch muss sich entscheiden, ob er sich weiterhin mit Materialismus, Kapitalismus und dem Ausleben persönlicher Neigungen zufrieden geben oder ob er einen seelisch-geistigen Entwicklungsweg beschreiten will. Die nächsten Jahre erwarten von uns einen „Bewusstseinssprung", hin zu einem Bewusstsein, das die Wahrheit in allem Sein ergründen will. Persönliche Interessen haben sich dabei der erkannten Wahrheit unterzuordnen. Ansonsten werden wir im Umgang mit der Erde und im gesellschaftlichen Leben gewaltige Probleme bekommen. Das Zeitenschicksal erfordert immer wieder ein Wachsen und sich Erweitern. Das Leben ist keine „Autobahn", auf der man immer geradewegs seinen persönlichen Zielen hinterherhetzen kann. Denn da gibt es Verwerfungen, Täler, Höhen und immer wieder Prüfungen, die zu bestehen sind. Heute leben wir wieder in einer solchen Prüfungszeit. Wir sollen Verantwortung übernehmen für unser Tun und das Fehlerhafte korrigieren. Erst dann können neue Impulse im Geiste eines echten Humanismus zum Tragen kommen.

Dafür die erkenntnismäßigen und kosmologischen Hintergründe zu liefern, soll Sinn und Aufgabe dieser Schrift sein. Nur aus einem Verständnis der Zeitlage und den individuellen Aufgaben und Richtungen, die es einzuschlagen gilt, kann eine gesunde Zukunft für Erde und Mensch erwachsen.

Mein Leben

In kurzer und straffer Form will ich hier den Versuch unter-
nehmen, einige Stationen meiner bisherigen Biographie darzu-
legen, damit sich der Leser ein Bild über den Verfasser dieser
Schrift machen kann.

Ich wurde im Dezember 1954 in einer schwäbischen Kleinstadt
geboren, habe die Sonne also im Steinbock stehend. Meine Eltern
waren Vertriebene aus dem Krieg; der Vater war Arbeiter bei der
Bundesbahn und Sozialist, die Mutter Hausfrau, katholisch und
der alten Heimat und deren Traditionen verbunden. Dadurch war
die familiäre Disposition nie ganz einfach, so dass es mich als
Mittleren von zwei Brüdern bald von zu Hause wegzog.

Ich bin in meiner prägenden Jugendzeit in den 1970 iger Jahren
aufgewachsen, als ein großes Freiheitsbedürfnis und die Suche
nach neuen Lebensstilen angesagt war. Ein Leben ohne äußere
Reglementierungen mit einem starken Naturbezug ist seither mein
Bestreben.

Nach einem Studium in den Ingenieurswissenschaften fuhr ich mit
einem damaligen Kollegen in einem Kleinbus über Land bis nach
Indien und Nepal, dann weiter nach Burma und Thailand. Eine
Krankheit zwang mich dort zur Heimkehr mit dem Flugzeug,
doch ich war danach nicht mehr derselbe wie in der frühen Jugend
mit einem starken äußeren Lebensdrang und einem Hang zu einer
Leichtigkeit des Seins. Eine religiöse und spirituelle Ader wurde
in Indien in mir aufgebrochen.

Ich wohnte damals, nach interessanten Erfahrungen in Wohnge-
meinschaften, zwei Jahre in einem Zirkuswagen auf einem Wald-
grundstück, wo mir erstmals die Frage erschien: was soll ich hier
auf der Erde, was ist meine Aufgabe? Denn das naturwissen-
schaftliche Studium hatte mich nicht wirklich befriedigt.

So folgte ich nach mehreren Jobs und dem Leben in einer Land-
Kommune dem inneren Ruf und reise zusammen mit einer Freun-
din nach Sri Lanka. Sie lebt noch heute dort; für mich wurde diese
Zeit zum Beginn einer spirituellen Reise durch Indien, zu verschiedenen Yoga-Zentren und heiligen Orten; doch ein Christus-

Erleben wurde mir zuvor schon in Sri Lanka zuteil. Da fühlte ich Christus zutiefst als meinen inneren Führer. Buddha erlebte ich eher als einen Freund und weisen Ratgeber. Tief konnte ich eintauchen in das spirituelle Leben Indiens, ohne mich jedoch irgendwo beheimatet zu fühlen, doch manche Orte übten eine starke und magische Anziehung auf mich aus. Oft reiste ich allein, verbrachte Tage und Nächte im Dschungel oder in verlassenen Tempeln, an denen das ursprünglich Lebendige und Magische noch zu spüren war. Ein Leben abseits der Zivilisation in der Einfachheit und Stille hatte damals eine starke Wirkung auf mein Seelenleben.

Auf dem Landweg musste ich nach einem halben Jahr wieder zurück; in Istanbul ging mir das Geld aus, doch die Erfahrung, dass es auch ohne Geld zu einem guten Ende gereichen kann, hat mich bis heute bestärkt, nicht zu viel Energie dem Gelde darzubringen.

Zuhause angekommen, war die alte Frage nach dem Sinn und Tun wieder lebendig. Ich versuchte, aus einem verzweifelten Sicherheitsdenken heraus, eine Beamtenlaufbahn als Ingenieur, was ich recht schnell wieder sein lassen musste, denn das war nicht mehr meine Welt.

Mit 28 Jahren entdeckte ich die Anthroposophie, die mir half, das Spirituelle auch in Europa pflegen zu können. Mehrere Jahre arbeitete ich körperlich sehr schwer in einer Demeter-Mühle als Fahrer und Mann für verschiedene Tätigkeiten, die dort anfielen. Die Christengemeinschaft und die Beziehung zur Erde, dem landwirtschaftlichen Aspekt aus Rudolf Steiners großem Schaffen, bildeten den Beginn meiner „anthroposophischen Laufbahn".

Sieben Jahre intensiven anthroposophischen Studiums folgten, zum Beispiel im Humboldt-Kolleg auf Sylt, wo ich dem Kunstmaler und Anthroposophen Richard Hohly begegnete, der mir lebendige und geistreiche Impulse zum Malen geben konnte. An der Novalis-Bühne in Stuttgart und am Waldorflehrer-Seminar in Mannheim durfte ich nachholen, was mir in der früheren Schulbildung versagt worden war. Vor allem das künstlerische Schaffen hatte mich berührt, wie auch die sozialen Gedanken eines Joseph Beuys, so dass ich anschließend mit mehreren „Gleichgesinnten"

11

ein Gemeinschafts- und Arbeitsprojekt gründete, das jedoch an zwischenmenschlichen Hürden und Hindernissen und einer mangelnden Unterstützung scheitern musste. Der Lerneffekt war aber riesig.

In anthroposophischen Einrichtungen fand ich trotz Bemühen keinen geeigneten Platz, da war mir vieles zu eng und zu starr. Aber auch in einer staatlichen Einrichtung in der Jugendpsychiatrie, wo ich gut mit jungen Menschen künstlerisch arbeiten konnte, war das Korsett auf längere Sicht zu fest und starr für mich. So wurde die Malerei immer mehr zu meinem Lebensinhalt.

In der Lebensmitte geriet ich dann in ein „Loch", in einen Niedergang und Nullpunkt hinein, woraus mich die Kunst, die Astrologie, sowie die Beschäftigung mit der Hermetik und der Psychologie, mit der Heilkunde, mit der Runenarbeit und natürlich mit der Anthroposophie „über Wasser" hielt.

Es folgte noch eine Ausbildung zum Masseur in Freiburg, doch eine staatlich verordnete „Gesundheitsreform" vereitelte zunächst die Anerkennung in einem Praktikum, da alle freien Stellen innerhalb kürzester Zeit gestrichen wurden. Wieder übrig blieb die Kunst und das autodidaktische Studieren; aus den Schmerzen der Zeit erwuchsen mir vielfältige Momente der Inspiration und der geistigen Erkenntnis.

Als mich in einem esoterischen Arbeitskreis jemand bat, dort einen Vortrag zu halten über das Thema: Mann und Frau, sagte ich spontan zu. Ich machte mir einige Gedanken dazu, doch daraus wurde schließlich ein Manuskript mit 350 Seiten und dem Titel: Partnerschaft als Einweihungsweg im Lichte des Gral.

Genau mit 42 Jahren erschien mein erstes Kind, ein zweites folgte zwei Jahre später. Ich arbeitete damals als Masseur in einem psychiatrischen Krankenhaus, weil aber meine Frau wieder in ihren Beruf als Sängerin einsteigen wollte, entschloss ich mich, für die Kinder zu Hause zu bleiben, um nebenbei meine Studien, Forschungen und Schriften tätigen und verfassen zu können. Daraus wurden inzwischen etliche Jahre mit einer Anzahl verschiedener Manuskripte und Bücher zu spirituellen, hermetischen, astrologischen, partnerschaftlichen, sozialen und gesellschaftlichen Themen. Doch vergebens bemühte ich mich bisher um einen Verlag, der daraus Bücher erstellen wollte. Inzwischen erscheinen meine Bücher im Digitaldruckverfahren bei Books on Demand mehr in Eigenregie, worüber ich dankbar bin, da mir hier niemand etwas vorschreiben will.

War ich früher viel unterwegs, ich hatte viele Kontakte zu Gleichgesinnten, so bestimmte das Leben als Hausmann immer mehr eine Zurückgezogenheit von der äußeren Welt. Vor allem konnte ich erleben, was viele Mütter in der Erziehung und Pflege ihrer Kinder durchmachen, wie enorm und schwierig manchmal die Arbeitsbelastung sein kann.

So lebte ich finanziell abgesichert im Eigenheim, fühlte mich in einer Welt des abgeschlossenen Familiendaseins aber auch nicht wirklich zu Hause und versuchte daher, wieder mehr Kontakte aufzubauen, vor allem zu den verschiedensten spirituellen Gruppen und Richtungen.

Durch meine Biographie, die von einem starkem Suchen, Ringen und Brücken-schlagen geprägt ist, fühle ich mich jedoch keiner bestehenden spirituellen Strömung zugewiesen. Überall findet sich Gutes, bei Buddhisten, in Konfessionen, bei Rosenkreuzern und Anthroposophen, doch nirgends passe ich ausschließlich hin. So arbeite ich bis heute noch als ein gewisser „Einzelkämpfer" im Strome der Zeit.

Das meiste meines Lernens geschah autodidaktisch, wesentliche Ratgeber waren und sind Rudolf Steiner, Valentin Tomberg, Michael Aivanhov und Arthur Schult. Natürlich bereicherten auch viele Begegnungen mit Anthroposophen, Astrologen und anderen spirituell ausgerichteten Menschen mein Dasein, deren Namen ich hier nicht nenne, denen ich jedoch zutiefst dankbar bin. Meine Fühler für die Zukunft strecke ich aus zu den geistigen Führern Maitreya und Christian Rosenkreuz, die in einem michaelischen Sinne Zukunftsimpulse bringen werden. Das ist mir sehr wichtig!

Da ich drei Hauptinteressen beziehungsweise Berufungen entwickeln konnte, nämlich die Kosmologie, die Therapie und die Kunst, möchte ich in Zukunft vermehrt auch wieder das Therapeutische aufgreifen. Jedoch hat mich dazu ein alter chinesischer

Spruch inspiriert: Der kleine Arzt behandelt das Symptom, der mittlere Arzt den Menschen und der große Arzt die Gesellschaft. Und natürlich will ich gerne ein großer Helfer sein.

Wer aber so wie ich zwischen verschiedenen Welten lebt, der hier nicht richtig und da nicht ganz sich einbringen kann, dem bleibt vor allem das Ergründen der eigenen Seelentiefen und daraus das künstlerische und geistige Schaffen.

Seit über 40 Jahren beschäftige ich mich nun mit der Heilkunde, mit Kräutern, Schamanismus, chinesischer Medizin, Psychologie, Homöopathie, anthroposophischer Medizin und neuerdings mit der Gebets- und Geistheilung. Hier will ich noch meinen Ort finden und die Menschen, denen ich damit dienen kann.

Ein einseitiger Darwinismus und Materialismus führt in eine Sackgasse, das kann heute überall gesehen werden. Ein ganzheitliches Menschenbild kann neue Impulse für die Zukunft liefern, denn nur Menschen, die sich in einem humanistischen und spirituellen Sinne weiterentwickeln wollen, können Gutes für das Wohl des Ganzen bewirken. Diese Arbeit fängt ja in jedem selbst an. Dieser Arbeit widme ich mein Leben. Immer wieder geschehen dadurch Einbrüche aber auch Einsichten in ungeahnte Tiefen, die das Leben letztlich reicher und vollkommener erscheinen lassen. Davon möchte ich gerne etwas weitergeben.

Die nachfolgenden Zeilen und Abschnitte mögen deshalb etwas zur Erkenntnis und Erbauung des ganzen Menschen beitragen.

Zu einer Kultur des Ich

Oftmals wird in spirituellen Strömungen das Ich im Menschen als ein Störfaktor auf dem Wege zum Geist beschrieben, so dass vor allem in einigen östlichen Geistesschulen versucht wird, das Ich zu negieren. Europäische Geistesströmungen bauen dagegen gerade auf ein freies und mündiges Ich, das sich allmählich immer besser selbst bestimmen lernt. Natürlich kann sich das Ich auch in einem grenzenlosen Egoismus ausleben, wodurch mit der Zeit aber das Gemeinwohl darunter leiden wird.

Wer bin ich?

Nachdem seit einigen Jahrhunderten in der Medizin der physische Leib erforscht wurde, seit etlichen Jahrzehnten in der Psychologie die menschliche Seele, so beginnen in unseren Tagen erste zarte Versuche, vor allem durch die Gehirnforschung, das Bewusstsein und speziell das Ich-Bewusstsein des Menschen zu ergründen.

Die Frage, wer ich bin in meinem Ich, ist ja entscheidend für unser Menschenbild – entweder als „intelligente Maschine" ohne eigenständiges Ich, in der Weltanschauung des Darwinismus als biologisch determiniertes Wesen oder in einer Weltanschauung, die den Menschen als ein Natur-, ein Sozial- und ein Geistwesen erkennt und begreift. Es gibt eben nicht nur den Kampf ums Dasein, sondern auch die Symbiose, das Mit- und Füreinander, ohne das funktionierende Ökosysteme nicht möglich wären. Somit unterliegt der Mensch auch nicht nur dem Prinzip eines Sozial-Darwinismus, so wie dieser heute hauptsächlich noch im Wirtschaftsleben zum Tragen kommt, denn der Mensch kann fähig werden zur Selbstlosigkeit und damit zu einem „brüderlichen" und solidarischen Umgang mit seiner Mitwelt.

Ich versuche nun im Folgenden eine Darstellung, die das Ich des Menschen als eine Entwicklungsmöglichkeit, als einen Stufenweg beschreibt, nämlich von einem leiblich organisierten Ich über seelische Ausdrucksweisen bis hin zu einem höheren Geisteswesen, das im Welten-Ich seinen Ursprung findet. Dazwischen gibt es Ebenen, Stufen und Ziele, die der Mensch in freier Entscheidung beschreiten kann.

- Auf der leiblichen Ebene spricht man in der anthroposophischen Terminologie von der Ich-Organisation, die ihren Ausdruck im Blut, im Herz-Kreislauf-System und in der Aufrichtung der Wirbelsäule wiederfindet. Darin wirken Mars- und Sonnenkräfte ein; Mars im Bluteisen, die Sonne in der Aufrichte und im Herz-Kreislaufgeschehen.

- Auf der ätherischen Ebene zeigt sich die sogenannte Persona, astrologisch ausgedrückt im Aszendenten. Die Persona weist hin auf die Rolle, die wir im Leben spielen und zwar durch Einflüsse aus Vererbung, Erziehung, Umwelt und Kultur, die uns so prägten, wie wir nun einmal geworden sind. Man kann hier noch nicht von einem eigentlichen Ich sprechen, denn der Einzelne fühlt sich hier eher noch als Glied einer Familie, eines Stammes, einer Heimat, eines Volkes und so weiter. Ich traf selbst in meiner Jugend noch Menschen, die nicht richtig „Du" und „Ich" sagen konnten. An deren Stelle trat ein „Wir" oder „Ihr". So wie ein Kind bis circa drei Jahre noch nicht „Ich" zu sich sagt, sondern sich mit dem gegebenen Namen anspricht und erst danach mit einem Ich-Einschlag beziehungsweise einem ersten Ich-Erleben und dem daran anschließenden Aufkommen der Trotzphase beginnt, ein seelisches Eigenleben zu entwickeln. Hier zeigt sich also das Seelen-Ich, das „Ich will" oder das Ego, wie ich es nenne.

- Auf der Seelen- oder Astralebene finden wir dann dieses „gefallene" Ich, also das dem heutigen Menschen wohlbekannte „Ego", mit dem er sich gerne identifiziert. Astrologisch ist dies ausgedrückt und hervorgerufen im Planeten Mars. Dieses „Ich will" wird von verschiedenen Seiten beeinflusst und tangiert; meist hat es sich in heutiger Zeit so stark mit äußeren Dingen und inneren Wünschen verbunden, dass es jeglichen geistigen Einschlag negiert. Dieses Ego, dieses gefallene Ich muss sich auf einem spirituellen Schulungsweg allmählich läutern und wandeln.

Das Ego bildet das Zentrum, den Mittelpunkt der Seele und findet sich daher eben auch als Angriffsfläche für bestimmte Kräfte und Wesen, so wie ich diese Problematik im Folgenden schematisch aufzeige. Von Außen, das heißt, aus dem Leiblich-Seelischen wirken dann:

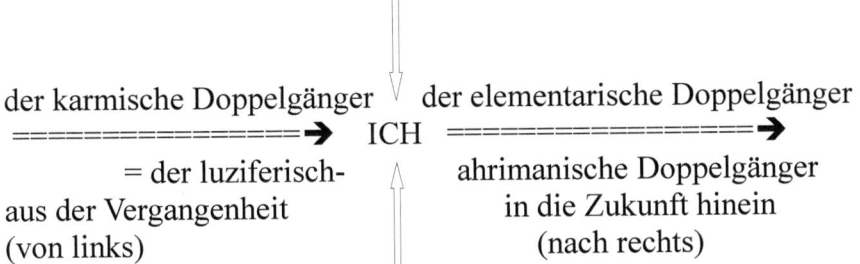

der luziferische Doppelgänger (von oben)

der karmische Doppelgänger   der elementarische Doppelgänger
================➔ ICH =================➔
= der luziferisch-   ahrimanische Doppelgänger
aus der Vergangenheit   in die Zukunft hinein
(von links)   (nach rechts)

der ahrimanische Doppelgänger
beziehungsweise der geographische Doppelgänger (von unten)

Luziferische Doppelgänger verführen das Ich zum Selbstgenuss, zum egozentrischen Eigenwillen und zum Narzissmus. Sie bewirken damit eine Art Abschnürung, das heißt, sie lenken von der Erdenaufgabe ab. Im Spirituellen wird oftmals nur die persönliche Erlösung gesucht, manchmal sogar mittels Rausch und Ekstase. Das menschliche Ich soll dabei ausgelöscht werden, der Wunsch nach Freiheit von allen Bindungen, so wie dies in manchen Sekten oder mit Drogen erreicht werden soll, beflügelt zwar die Phantasie, doch letztlich bleibt alles im Subjektiven, in der Eigenheit verhaftet, was sogar zu zahlreichen Neurosen hinführen kann. Diese luziferischen Doppelgänger können wir in uns selbst erkennen und damit ihre Verführungskräfte bannen, denn sie wirken ja im eigenen Astralleib.

Ahrimanische Doppelgänger haften sich eher an den Ätherleib an und zwingen zu abstrakten, mechanischen und autoritären Strukturen und Systemen, zum Funktionieren müssen, zur Pflicht, zu Nüchternheit und zu Sachlichkeit. Sie bringen die Erdenschwere und eine Bodenständigkeit. Ja, Erdkräfte fordern uns eben auch heraus und dies bis in die Leiblichkeit hinein.

Der geographische Doppelgänger ist jedoch von Erdgegend zu Erdgegend verschieden. Im asiatischen Raum wirken stärker die luziferischen Doppelgänger, im amerikanischen Raum viel stärker die ahrimanischen. In Europa soll sich eher ein Ausgleich und eine

Mitte bilden, in der sich das Ich nämlich am besten ausbilden und entwickeln kann.

Ein Aufgehen im irdischen Sinnesleben, die mechanische und intellektuelle Auffassung der Welt, ohne Gefühl und ohne Moralität, wie auch die Spiegelung und die Vereinnahmung des Ätherischen, des Lebendigen in der Elektrizität und im Magnetismus fördern diese ahrimanischen Kräfte.

Seit dem Mumienkult im alten Ägypten begann eine immer stärker werdende Anhaftung der Seelen an die tote Materie. Jedoch, wir brauchen diese Doppelgängerkräfte, um den Ort und die Menschen aus karmischen Begegnungen finden, wie auch den Umgang mit Besitz und Geld gestalten zu können. Sie sind notwendig zur Entwicklung der Bewusstseinsseele, dürfen jedoch nicht einseitig Überhand nehmen, da sonst zahlreiche chronische Krankheiten auftreten werden. Eine warme Gefühlswelt und ein moralisches Verantwortungsbewusstsein schützen am besten vor diesen kalten, einengenden und sklerotisierenden Kräften.

Auf dem spirituellen Schulungsweg muss man lernen, diesen ahrimanischen Doppelgänger aus sich heraus zu setzen, sich ihm gegenüber zu stellen; da genügt eine reine Erkenntnis nicht mehr, denn wir sind im Erdgeschehen immer mit ahrimanischen Wesenheiten verbunden, und zwar solange wir in einem Leibe sind. Kurz vor dem Tod löst sich der ahrimanische Doppelgänger vom Leibe ab, so dass die Seele frei werden kann vom irdischen Sein.

Während des irdischen Lebens lässt eine Kultur des Herzens die Anhaftung an das Mechanisch-Tote verringern. Wir können diesen Doppelgänger quasi unter die Füße, aus uns herausstellen, damit er uns trägt, aber nicht mehr bestimmt. Die sogenannten Neben-Übungen von Rudolf Steiner und eine spirituelle, meditative Seelenhaltung lassen das Ich mit der Zeit freiwerden von irdischen Anhaftungen und Bedrängungen.

Der karmische Doppelgänger zeigt sich, im Gegensatz zum luziferischen und ahrimanischen Doppelgänger, die für das Ich quasi von oben oder unten einwirken, auf der horizontalen Ebene und zwar ist er das Resultat aus vergangenen Prägungen.

Den karmischen Doppelgänger findet man in den Dispositionen

des physischen Leibes, im Temperament, im Charakter, sowie im Geschlecht. Er wurde in früheren Leben gebildet und erfuhr seine frühkindliche Prägung in Erziehung und Kultur.

Alles, was nicht vom Ich integriert und diesem unterstellt ist, kann ein Schattendasein führen. Unverarbeitete Reste aus früheren Leben hängen als Gespenster am Ätherleib oder als Dämonen am Astralleib. Bei Frau und Mann, also im Geschlechtsleben, sind dies die unbewussten Anima- und Animusanteile. Mit diesem luziferisch-karmischen Doppelgänger sind wir auch an das kollektive Karma angebunden, das wiederum aus kulturellen und historischen Begebenheiten innerhalb einer Menschengemeinschaft entstanden ist.

Insgesamt gesehen, prägt dieser Doppelgänger, der eben aus luziferischen und aus ahrimanischen Einflüssen hervorgehen kann, unsere Persönlichkeit, unsere Persona und verbraucht beziehungsweise raubt uns sehr viel Energie und Vitalität, wenn er nicht aufgearbeitet und verwandelt wird.

Der elementarische Doppelgänger ist mehr der ahrimanische Anteil des luziferisch-ahrimanischen Doppelgängers auf der horizontalen Zeitachse und führt in die Zukunft, bis in den Tod und das nächste Leben hinein, wenn er nicht erlöst wird. Negative Gefühle und Gedanken, ja, jegliches lieblose Tun und Trachten, erschaffen elementarische Wesenheiten. Zudem entstehen unerlöste und gefangene Naturwesen in einem ungeistigen, materiellen Umgang mit der Technik. Faulheit, seelische Stumpfheit und Unzufriedenheiten lassen diese sogenannten Elementale verstärkt am Menschen anhaften.

Eine Dankbarkeit und ein Interesse gegenüber den Naturwesen, Fleiß, ein heiteres Gemüt und eine echte Frömmigkeit lassen eine Heilung und Erlösung für diese Wesen geschehen. Eine Selbsterkenntnis darf folglich walten – man muss sich selbst gegenüberstehen, sich beobachten lernen, denn unerlöste Elementarwesen führen auf Dauer in Depressionen und Lähmungen hinein.

Da heute viele Menschen im Umgang mit der Natur und der Technik zu leichtfertig und oberflächlich sind, ohne die Konsequenzen davon direkt zu spüren, mache ich im Folgenden eine

Aufstellung, wie und wo elementarische Wesenheiten gekränkt oder aber erlöst werden können. Dies hängt hauptsächlich vom Umgang des Menschen mit den Naturrhythmen und dem Erleben der Elemente zusammen. Sind wir hier zu nachlässig und unbewusst, geraten unschuldige Naturwesen in die Klauen des Ahrimanischen hinein. Dadurch wirken sie wiederum negativ und krankmachend auf den Menschen. Eine Erlösung der Naturwesen kann wie folgt geschehen:

- Naturwesen der Elemente: Feuer – die Salamander; Luft – die Elfen und Sylphen; Wasser – die Undinen und Nixen; Erde – die Gnome und Zwerge.

Naturerkenntnis anstelle eines leeren Naturerlebens oder einer Angst vor Naturkräften ist daher angesagt. Die Unvernunft und die Unwissenheit gegenüber der Natur kann krank machen. Das Denken ist herausgefordert; Erkenntnis erlöst.

- Naturwesen im Tag- und Nachtrhythmus: Erlösung durch Arbeit und Fleiß. Faulheit, Trägheit und Unproduktivität lähmen den Willen. Eine Unlust und gewisse innere Widerstände gegenüber der Schöpfung beziehungsweise der Menschwerdung resultieren daraus. Unser Wollen wird geprüft.

- Naturwesen im Mondenrhythmus: Erlösung durch ein fröhliches Gemüt, durch Seelenruhe und durch eine innere Zufriedenheit. Ansonsten entstehen Missmut, Unzufriedenheiten und allmählich eine seelische Ohnmacht, selbstbestimmt, heiter und fröhlich sein zu können und ist somit mehr oder weniger ein launenhaftes Wesen. Unser Fühlen soll sich zum Guten wenden.

- Naturwesen aus dem Jahresrhythmus der Sonne: Erlösung durch ein religiöses Miterleben des Jahreslaufs. Viele Wesen der Natur, des Frühlings und Sommers werden zum Beispiel im Winterdunkel in die Erde hinein gebannt. Ohne eine Frömmigkeit und einer Einfühlung gegenüber den Naturprozessen werden diese Wesen zu Opfern für die ahrimanischen Kräfte in den Erdentiefen. Für den Menschen bedeutet dies, dass er dadurch immer unfähiger wird für ein religiöses Mitempfinden, das bis zu einem Hass gegen alles Geistige hinführen kann. Das Ich ist aufgerufen, hier eine Stellung zu beziehen und sich bewusst in den Jahreslauf, wie er zum Beispiel durch die christlichen Feste vorgegeben ist, hineinzustellen.

Wir dürfen den Naturwesen dankbar sein für ihr Schaffen und Erhalten an und in der Natur. Und wir dürfen Mut und Enthusiasmus entwickeln für ein spirituelles Miterleben der Schöpfung. Es gilt, die Schöpfung lieben zu lernen. Die Liebe erlöst und befreit diese elementarischen Wesen aus den Fängen Ahrimans. Jedoch, auch die ahrimanischen Mächte wollen letztendlich erliebt und damit irgendwann einmal erlöst sein.

Insgesamt betrachtet bedeutet dieses Kreuz des Doppelgängerischen für das sich entwickelnde und sich befreien wollende Ich keine leichte Aufgabe. Denn es muss sich behaupten und immer wieder darin die eigene Mitte finden. Ohne geistige Übung, Selbsterkenntnis und Meditation ist dies meines Erachtens gar nicht zu schaffen. Ohne einen geistigen Einschlag bleibt das Ich im Leiblich-Seelischen stecken, quasi in einem subjektiven Seelenzustand, der über das Nur-Persönliche selten hinauskommt. Eine Welt von: „das gefällt mir und das nützt mir ..." driftet ab in einen einseitigen Egoismus, worunter das Gemeinwohl wie auch die Schöpfung leidet. Dies ist heute weltweit erreicht.

Eine Ich-Entwicklung darf hier aber keinesfalls enden. Sie muss weitergehen, hin zum Geist, so wie dies auch im Geschichtlichen, also in der Menschheitsentwicklung keimhaft stattgefunden hat.

Im nächsten Abschnitt werde ich daher die Ich-Entwicklung, hinein ins Geistige, weiter beschreiben. Hier sei noch auf eine Angriffsmöglichkeit auf das „Ich will", auf das Ego hingewiesen, die im Ich selbst gefunden werden kann, die nicht von „Außen", also nicht aus dem Seelischen und Natürlichen resultiert.

Die Wünsche des Egos, die von Innen kommen und es besetzen wollen, heißen:

Der Wunsch, groß sein zu wollen,

der Wunsch, nur nehmen zu wollen,

der Wunsch, festhalten zu wollen,

der Wunsch, vorwärts kommen zu wollen, auch auf Kosten anderer,

der Wunsch, sich behaupten zu wollen, auf Kosten anderer.

Unsere gesamte Kultur wird beherrscht beziehungsweise getrieben von diesen Wünschen. Sie erzeugen weltweit große Wunden; dies wird sichtbar, wenn wir nur einmal auf das soziale Leben hinblicken.

Christus heilte diese Wunden; sie zeigen sich in seinen fünf Wundmalen. In früheren Schriften habe ich diese Wunden, die aus dem Bestreben des Egos resultieren, näher beschrieben, zum Beispiel im Heft: Vom Bauen am Tempel des Lebens. Daher wird hier nur eine sehr kurze Zusammenstellung aufgezeigt.

Die Wunde der Körpermitte zeigt den Wunsch, „groß" sein zu wollen. „Gehorsam" gegenüber der Vernunft und dem Gewissen kann hier helfen und heilen. Die rechte Hand, das Nehmen wollen, sowie die linke Hand, das Festhalten wollen, sie werden durch die „Armut", einem Offen- und Bedürftigsein gegenüber dem Geist geheilt. Der rechte Fuß, das Vorwärts kommen wollen und der linke Fuß, das sich Behaupten wollen, bedarf einer Reinheit des Herzens, einer „Keuschheit", damit man niemandem schadet.

So wie das „Ich will", das gefallene Ich sich im Irdischen verlieren kann, so kann es sich durch Hingabe und Opfer selbst befreien lernen. Das Mars-Ich, es muss sich hinwenden können, hin zum lebendigen Geist; es muss auf dem Wege zum Geist diesem dienen lernen. Es muss das „Nadelöhr", die Kreuzesmitte finden, dann kann sich ein Einschlag aus dem Geist ereignen. Es muss sich dazu umbilden, wandeln und opfern, es soll schließlich zur „Schale" werden für den lebendigen Geist.

Dies kann das „Ich will" nur zum Teil selbst erreichen. Denn es benötigt dazu eine Kraft, die sich selbst überwinden kann. Diese Kraft finden wir auf der geistigen Ich-Ebene, im sogenannten „Ich bin", wo erst eine wirkliche Freiheit walten kann. Damit will ich im nächsten Abschnitt fortfahren.

Vom Leib zum Geist – vom Ich zur Welt

Wie umkämpft das menschliche Ich sein kann, wurde bisher sicher recht deutlich. So kann man natürlich sehr gut verstehen, wenn zahlreiche spirituelle Gruppierungen einen gewissen Abstand vom Ich nehmen und sich mit ihrem Seelenleben von der Welt zurückziehen wollen, nämlich in die Welt des Ursprungs, des ursprünglichen Seins, aus dem alles entstanden ist. Dabei negieren sie jedoch den Schöpfungswillen und den Auftrag an den Menschen, eine neue Hierarchie, ein neues Schöpferwesen mitgestalten zu lernen. Dies ist natürlich eine sehr große Aufgabe, die erst in ferner Zukunft vollendet sein wird. Sie baut dabei auf ein freies und mündiges Ich-Wesen im Menschen, das sich selbst eine Richtung vorgeben will. Bis heute ist ja alles nur ein Stückwerk, noch ziemlich unvollendet, die Zukunft des Menschen, sein Ziel kann jedoch die „Krone" der Schöpfung sein: eine neue himmlische Hierarchie, die einmal aus freiem Willen, in Weisheit und in Liebe auferstehen wird.

Die Aufgabe, dafür ein freies und mündiges Ich zu entwickeln, ist geographisch gesehen vor allem in Europa zu bewältigen. Daher finden wir zum Beispiel auch in dem Philosophen Fichte einen Menschen, der eine Ich-Philosophie geschaffen hat, die besagt, dass sich der Mensch in seinem Ich erst selbst setzen, bejahen und wollen muss. Dies ist nämlich eine Freiheitstat.

Daraus resultiert erst wirklich das „Ich bin". Dieses ist das Ich auf der Geist-Ebene, im Unterschied zum Ich auf der Astralebene, dem „Ich will", das wir vorher besprochen hatten.

Dieses „Ich bin", dieses Sonnen-Ich kam durch die Elohim, den Sonnengeistern und durch Christus in die menschliche Welt. In seinen Ich bin-Worten kann dieses „Ich bin" eine Stärkung und Führung finden. Doch es ist dieses „Ich bin" abhängig vom freien Willen des Menschen und kann erst nach der Jugendzeit mit circa 21 Jahren von jedem Erwachsenen in sich selbst und zwar zunächst in seinen Empfindungen gefunden werden. Jedoch erst mit etwa 33 Jahren kann dieses Ich bewusstseinsmäßig in der eigenen Bewusstseins-Seele aufleuchten.

Im Sonnen-Ich ist schließlich der Kern, ist das Wesen des Menschen zu finden, denn dieses Ich urständet ursprünglich im Welten-Ich, im Christus-Ich. Auch wenn uns alles genommen werden kann, so dieses Ich, wenn es einmal gefunden und bejaht wurde, nicht mehr. In diesem Ich ist im Kern der Gottesfunke enthalten. Doch auch dieses Ich darf von den Widersachern geprüft und versucht werden, denn die Angriffe der Widersacher fordern und erziehen den Menschen so lange, bis dieser sich wandeln will, ansonsten kann er sich in den dunklen Kräften selbst verlieren.

Das „Ich bin" wird von Luzifer versucht und von Ahriman angeklagt. Von zwei Seiten eingespannt und angegriffen, bedarf es nun gewisser seelisch-geistiger Kräfte, um diesen Mächten entrinnen zu können. Luzifer verführt das Sonnen-Ich zur Ehrsucht, zur Ruhmsucht und zur Hybris hin. „Ich bin der Größte, der Beste, der Schlaueste" und so weiter. Titel, Wissen, Status setzen sich an die Stelle eines Ich, das sich auf sich selbst gründen gelernt hat.

Ahriman treibt das Ich zur Habsucht, zu Reichtum und Besitz und will es dadurch aufwerten oder anderenfalls als „Versager und Habenichts" klein halten. Asuras, sowie die strategischen Verbindungen von Luzifer und Ahriman, sie fördern die Machtsucht, den Kampf um Karriere, Stellung und die Oberherrschaft über andere.

Letztlich können wir in diesen Verlockungen und Anfechtungen auch die Versuchungen an Christus in der Wüste erkennen. Eine Heilung und Erlösung dieses gefallenen „Ich bin" geschieht in den „Gelübden" beziehungsweise in den Fähigkeiten des Gehorsams, der Armut und der Keuschheit, die sich das Ich in Freiheit aneignen kann. In früheren Schriften bin ich darauf näher eingegangen, wie auch auf das Verhältnis des Sonnen-Ich zu den sieben Ich bin-Worten des Christus, die den Weg aufzeigen, wie sich die Seele des Menschen über dieses Ich zum Geiste hinbewegen kann.

Hier sollen im Folgenden noch weitere Stufen beziehungsweise Schritte in der Ich-Entwicklung, wie sie zukünftig mehr und mehr zum Tragen kommen können, beschrieben werden. Denn, wie wir gesehen haben, kann das Sonnen-Ich auch in den Fall beziehungsweise zur Unfreiheit verführt werden. Deshalb braucht es noch höhere Kräfte, die führend und erleuchtend einwirken können.

So wie die Sonne ein Planet ist, der seelische und irdische Komponenten aufweist, so ist sie auch ein Stern, der das Himmelslicht enthält. Daher kann das Sonnen-Ich zum Mittler werden zwischen Himmel und Erde und damit auch zwischen Geist, Seele und Leib. Das Geistes-Sonnen-Ich, das „Ich bin" darf folglich immer besser lernen, die irdischen und die schicksalhaften Geschicke des Menschen selbstbestimmt und in Übereinstimmung mit den kosmischen Gesetzen zu gestalten.

Eine Ebene weiter, quasi über dem Sonnen-Ich, lässt sich in der Seele ein Bereich finden, der uns eine seelische Wärme, eine Innenwärme schenkt. Diese Wärme ist eine Wandlung beziehungsweise ein Resultat aus früheren Leben, wo wir ja auch schon ein Ich hatten, zwar nicht mit dem gleichen Ich-Bewusstsein, nicht als die gleiche Person; nur die Kraft dieses früheren Ichs ist uns als innere Wärme in den Seelentiefen mitgegeben. In und durch diese Wärmekraft im Unterbewussten der Seele können nun geistige Impulse einwirken. Der Mond im Horoskop weist hin auf diesen unterbewussten Seelenbereich. Das heißt mit anderen Worten, diese seelische Wärmequalität bildet den Boden für Einströmungen des Gewissens und für Ideen und Ideale aus den Sphären des Geistes.

Sicherlich ist es daher immer wieder gut, zu beobachten, aus und in welcher Ich-Region unsere Beweggründe für das Handeln in der Welt entspringen. Ist es das Leib-Seele-Ich, das antreibt und will oder sind Motive aus humanistischen Idealen und dem Gewissen mit einbezogen. Handle ich aus innerer Wärme, aus leidenschaftlicher Seelenglut oder aus kalter Berechnung? Das ist meistens doch sehr aufschlussreich!

Im Zusammenwirken von Ich und höherem Selbst, von menschlichen Impulsen und geistigen Idealen erwächst das Suchen und Finden unserer geistigen Bestimmung, unserer Berufung. Im Horoskop zeigt der Medium Coeli, der MC beziehungsweise die Himmelsmitte den Ort unserer Berufung, also die Aufgabe in der Welt, die aus Idealen und geistigen Zielen impulsiert ist.

Diese Ziele entstammen aus der Sphäre des göttlich-geistigen Ich, dem höheren Selbst beziehungsweise dem Manas- oder Geistselbstbereich, das uns mit Ideen, Inspirationen und Aufgaben für ein geistbestimmtes Leben versorgen will. Im Horoskop weist der Planet Uranus in diese Sphäre hinein, in der die Weisheit, die Wahrheit und ein erweitertes kosmisches Bewusstsein zu finden ist. Haben wir diese Sphäre bewusstseinsmäßig erschlossen, dann streben wir nicht mehr nur zur Wahrheit hin, denn wir leben in diesem Bereich selbst in der Wahrheit, wir sind in dieser Wahrheit. Doch weit ist der Weg dorthin. Bislang ertönen Rufe und Zeichen daraus, die uns helfen, mit den eigenen Abgründen und Schatten besser fertig zu werden. Uranus offenbart im Schattenhaften ein explosives, revolutionäres, lügenhaftes und zersetzendes Element, das erst erkannt und gewandelt werden muss, bis man individuell wie auch kollektiv in die Sphäre des Wahrhaftigen und des Weisheitsvollen eintreten kann.

Ich-Entwicklung heißt letztlich auch, das menschliche, das subjektive Ich so zu läutern, dass es mit dem objektiven, dem höheren Ich zusammenwirken kann.

Christus ist der „Ich bin der ich bin", er ist das Werdeprinzip im Kosmos und im menschlichen Ich. Er ist der Führer des Ich – von der Persona im Leiblich-Ätherischen über das Leib-Seele-Ich, dem „Ich will" zum sonnenhaften „Ich bin" und schließlich bis hin zum Geistselbst, dem höheren Ich des Menschen in der himmlischen Sophia.

Dieser Weg ist der Weg des sogenannten spirituellen "Kriegers", der sich über die Läuterung und Veredelung des Egos, des gefallenen Ichs vollzieht.

Der spirituelle Krieger, die Marskraft des Egos, soll dem Sonnen-Ich, dem „Ich bin" folgen, in dessen Kern das Christus-Ich, das Welten-Ich einwohnt. Das „Ich bin" ist dabei das Nadelöhr, die Stelle, die oben und unten, sowie links und rechts verbinden kann, also den Geist mit dem Leib, sowie das Gute mit dem Bösen. So wie die Sonne für Gute und Böse scheint, so vermag es das Sonnen-Ich im Menschen, das Göttliche und das Menschliche in sich zu integrieren. Es nimmt das Schattenhafte an und versucht, dieses durch moralische Technik und Übung in der Verbindung mit dem Heiligen Geist zu läutern und zu veredeln.

Das Menschen-Ich, das Ich bin, wird auf diesem Wege, also durch eine Läuterung und Wandlung, zur Grales-Schale für das Gottes-Ich. „Nicht ich, sondern der Christus in mir".

Auf dem Weg nach unten, zum Ego und weiter ins eigene Unterbewusste, begegnen diesem Ich viele negativen Aspekte und Stimmungen aus vergangenen Zeiten; sie treten und schleichen in das Seelische als Unlust, als Depression, als Abscheu und als Angst hinein. Wir kommen damit in den Bereich des kleinen Hüter der Schwelle, in die Saturn-Sphäre hinein. Hier gilt es, vor allem die leiblichen Triebe und die seelischen Begierden beherrschen zu lernen. Wir müssen an deren Stelle zukünftig viel mehr positive Ziele und Visionen setzen können.

Der Hüter der Schwelle ist mein Gewissen, er ist mein eigenes Geschöpf. Er offenbart mir den moralischen beziehungsweise den unmoralischen Gehalt meiner Vergangenheit. Wir sollen ihn annehmen und dürfen ihn allmählich umschaffen. Seine Kräfte benötigen wir für den Aufstieg ins Licht, daher darf er nicht verdrängt werden. Doch ist es auch nicht ratsam, in subjektiver Weise sich nur immer mit den eigenen Seelentiefen zu beschäftigen. Ein Wühlen und ein Selbstbeschäftigen darin, ohne neue Ziele und Aufgaben, lässt keine wirkliche Befreiung zu.

Die Zukunft und damit die Aufgabe in und für die Welt zu wirken, empfangen wir vom großen Hüter der Schwelle. Der kleine Hüter schützt uns vor einem zu frühen und unreifen Eintritt in die geistige Welt. Er hält uns einen „Spiegel" vor, damit wir uns wahrhaftig erleben, erkennen und wandeln können. Der große Hüter leitet, dem kleinen Hüter nachfolgend, die Beziehungen zur Welt und damit zu einer gesunden Zukunft aus den Impulsen eines lebendigen Geistes heraus. Er ist ein erhabenes Geistwesen, letztendlich die Geistgestalt des Christus selbst, die uns hier als ein Zukunftsideal erscheint. Diesem Ideal dürfen wir immer mehr und immer wieder folgen.

Das „Ich bin" und damit des Menschen eigentlicher Kern, also unser inneres Ich-Wesen, dieses vermag es erst wirklich, durch Interesse und Liebe für alles und gegenüber allem, was uns umgibt, diesem Ideal mehr und mehr gerecht zu werden. So wird es schließlich selbst einmal zum Hüter und Vermittler, zum Bürger zweier Welten, vor allem, wenn es sich mit dem hohen Selbst verbinden kann. Planet und Stern, Menschen-Ich und Geistes-Ich werden wie die Sonne es schon ist, allmählich eins.

Doch man möge sich hüten, hat man einen Funken des Göttlichen in sich, in seinem Ich erspürt und empfangen, dies schon für das Ganze zu halten. Ein Gedicht von Ludwig Fulda möge diese Gefahr in etwas humoristischer Weise erhellen:

„Ein Himmelspiegel, wunderhell,
fiel durch des Teufels Tücke
herunter auf die Erde schnell
und brach in tausend Stücke.
Die Menschen drängten sich zuhauf,
geblendet von dem Glanze.
Ein jeder fing ein Stückchen auf,
und hielt es für das Ganze."

Es geht also nicht darum, das menschliche Ich zu Gunsten des hohen Selbst zu negieren, auch nicht umgekehrt, das Selbst zu Gunsten des Ich, sondern um die Vereinigung von Ich und Selbst, von Mensch und Welt, sowie von Welt und Gott. Das ist die Kunst, der wir alle zustreben, die wir entwickeln und fördern dürfen.

Die seelisch-geistige Entwicklung des Menschen - ein Initiationsweg des Ich

Hier nun möchte ich einige Ebenen des Seelisch-Geistigen anführen, wie sie sich aus dem Verhältnis der Astrologie mit der Anthroposophie ergeben. Eine ganzheitliche Wesensgliederkunde des Menschen sollte auch eine Beziehung zum Kosmos und damit zu den Planeten- und Sternenkräften aufweisen. Daraus lässt sich nämlich erst ein Weg ableiten, der das Oben mit dem Unten verbinden kann. Dieser Weg ergänzt das zuvor Gesagte über die Ich-Entwicklung.

Wir beginnen wiederum beim Leib, diesmal ist er den Mondenkräften zugeordnet, denn der Mond bewirkt die gestaltbildenden Aufbaukräfte im Inneren des Leibes und dies vor allem über die Vererbung.

Dem Ätherleib als belebendes und heilendes Prinzip ordne ich den Planeten Merkur zu. Der Astralleib mit seiner Wunschnatur untersteht dem Planeten Venus. Natürlich wirken andere Planeten auch in diesem, hier sollen aber nur die vordergründigen Strukturen erwähnt sein.

Die Sonne in einem Horoskop steht für das bewusste Ich, aber auch für unseren vitalen Lebensimpuls, mit dem wir durch das irdische Dasein gehen. Diese Ich-Kraft ist und offenbart zunächst eine reine Tätigkeit, ein reines Wollen, ohne Substanz und ohne eigenen Inhalt. Deshalb kann sie sich mit allem verbinden und identifizieren. Sie bewirkt dabei die Fähigkeit des schöpferischen Gestaltens, das Annehmen und Verarbeiten der „Welt".

Damit vermag das Sonnen-Ich es auch, in sich selbst „Substanzen", Inhalte zu erschaffen und dies vor allem, wenn es sich den Geisteskräften zuwendet und innerlich sprechen lernt: Ich bin Liebe, Licht, Leben... Eine Identifikation und Einheit mit den Inhalten der geistigen Welt ist daher möglich.

In der Empfindungsseele wirkt vor allem noch das „Ich will", also die Marskraft. Sie bestimmt unser Subjektivitätsempfinden und unsere Egozentrik. Die Empfindungsseele entwickelt sich seit der altägyptischen Epoche innerhalb der fortschreitenden kulturellen Entwicklung der Menschheit. Die Verstandes- und Gemütsseele untersteht dem Planeten Jupiter. Hier erst kommen überpersönliche und menschliche Werte im Bewusstsein des Einzelnen zum Tragen. Das Denken wird mehr und mehr ein Mittel zum Erkennen der Welt, so wie dies bei den antiken Philosophen begann und bis heute in den Wissenschaften einen großen Siegeszug beschritt. Die Gemütskräfte dürfen dazu als ein ausgleichender Gegenpol erhabene Gefühle in sich aufnehmen, die Mensch und Kosmos miteinander verbinden und vertiefen können, wie die Andacht, das Mitgefühl, die Verehrung, die Ehrfurcht und so weiter.

Bis man zu solch reinen Gefühlsregungen fähig wird, die eben das nur subjektive Erleben erhöhen können, bedarf es einer Bewusstwerdung und Integration von seelischen Kräften, die auf dem menschlichen Enwicklungsweg, vom Astralleib ausgehend, dann in der Empfindungsseele bis hin zur Verstandes- und Gemütsseele und schließlich in der Bewusstseinsseele erscheinen, wo sie vom Ich wahrgenommen, erkannt und gestaltet werden können.

Kosmologisch betrachtet, finden wir daher auch zwischen der Mars- und der Jupitersphäre den Asteroidengürtel, der circa 500 einzelne Körper aufweist, manchmal nur einige Meter dick bis hin zu einigen Kilometern Durchmesser. Dieser Gürtel symbolisiert den Übergang von den subjektiven Seelenregionen der Empfindungsseele hin zu den Verstandes- und Gemütskräften, mit denen eine Läuterung und Weiterentwicklung der niederen Seelenkräfte, hin zu edlen und tugendhaften Seelenäußerungen möglich wird.

Manche Forscher nehmen an, dass diese Asteroiden, die eben zwischen der Mars- und der Jupiter-Umlaufbahn verlaufen, Reste eines vergangenen und zerstörten Planeten sind. Astrologisch sind diese Asteroiden hochinteressant, da sie eine enorme Differenzierung bestimmter seelischer Qualitäten erlauben.

Normalerweise kennt man zum Beispiel für die weibliche Seelennatur nur den Mond und die Venus, also die Frau als Mutter und als Geliebte. Wie vielseitig das Weibliche in Wirklichkeit sein kann, geht daraus nicht hervor. Mit Einbeziehung der Asteroiden Juno, Vesta, Pallas Athene, Lilith, Pandora, Diana und weiteren, wird hier ein seelischer Entwicklungsweg offenbar, der in größere Zusammenhänge verweisen kann. Die Frau als Priesterin, als Heilerin, als Amazonin, als Hexe, als Hüterin der Natur und vieles mehr, erweitert unser seelisches Spektrum. Davon profitieren Frauen und Männer gleichermaßen.

Natürlich finden sich im Asteroidengürtel auch männliche Vertreter wie der Eros und der Amor, der Icarus und der Hidalgo, sowie ein Toro, also der Stierbezwinger und einige andere. Dieser Asteroidengürtel zeigt folglich vermehrt die Wandlungs- und Entwicklungsebene hin zu einem objektiven Seelensein, so wie dieses vor allem in der Bewusstseinsseele zum Tragen kommen soll.

Die Bewusstseinsseele bildet sich vor allem in der Sphäre des Saturn heraus. Hier geht es um eine Bewusstwerdung des Irdischen, also der Gesetze der Erde, aber auch des Seelischen und schließlich des Kosmisch-Geistigen. Saturn richtet seine Bestrebungen zunächst auf das Irdische, jedoch nicht, um sich darin zu verlieren, sondern eher darum, dieses erweitern und überschreiten zu können.

Im Zeitalter der Bewusstseinsseele, in dem wir seit dem 15. Jahrhundert leben, besteht jedoch zunehmend die Gefahr, dass sich die Seele im Materiellen verliert. Dann muss Saturn, das richtungsweisende Prinzip im Kosmos, korrigierend eingreifen. Wir sollen daher in allem Irdischen und Seelischen immer auch noch geistige Prinzipien erkennen lernen. Darauf kommt es schließlich an.

Eine Umkehr aus dem einseitigen Materialismus ist heute dringend angesagt, sonst nehmen die Todeskräfte überhand.

Ein „Ich bin"-Erleben ist erst richtig möglich in und mit der Bewusstseinsseele, in der das Ich sich erst wirklich seiner selbst bewusst werden kann. In einem solchen seelischen Fortschreiten wird Saturn in der Bewusstseinsseele zum Hüter der Schwelle in das Geistgebiet hinein. Er stellt uns so lange unsere Mängel, Fehler und Unvollkommenheiten vor die Seele hin, bis wir diese angenommen und veredelt haben. Saturn ist nämlich der kleine Hüter der Schwelle, der uns davor behütet, unreif in das Geisterland einzutreten.

Den Quantensprung in das Geisterland zeigt der Planet Uranus; er ist der Erneuerer, der alles Niedere auf eine höhere Ebene heben will. Zwischen der Sphäre beziehungsweise der Planetenbahn des Saturn und der des Uranus hat man im Jahre 1977 den Planetoiden Chiron entdeckt, der diese beiden Bahnen schneidet, das heißt, diese überbrücken und verbinden kann. Chiron ist der Schlüssel ins Geistgebiet, zur Sphäre des Uranus. Er ist ein Kentaur, oben Mensch und unten Tier.

Im Horoskop zeigt und weist er durch seine Stellung in den Tierkreiszeichen und Häusern auf unsere wunden Punkte hin. Es ist daher meistens eine schmerzhafte Erfahrung, mit ihm in Kontakt zu kommen; doch zugleich ist er auch der Stratege und Heiler, das heißt, er zeigt die Wege auf, wie wir mit unseren Mängeln fertig werden. Und das geschieht vor allem dadurch, dass wir lernen, das Menschliche mit dem Tierischen in uns zu verbinden und es auszugleichen.

In alten esoterischen Traditionen sprach man immer noch davon, alles Tierische in sich überwinden, das heißt, sich davon distanzieren zu müssen. Doch ohne Tierkräfte sind wir als Menschenwesen noch nicht ganz, das zeigt schon die Sphinx mit dem Adler, dem Löwen, dem Stier und dem Menschen als Symbol und Bild für die Ganzheit des kosmischen Menschen. Das Tierische in uns will aber erlöst und veredelt werden, so dass zum Beispiel im Löwen nicht mehr nur das Raubtierhafte zum Zuge kommt, sondern vor allem auch die Mut- und Herzenskräfte. Der Stier repräsentiert entweder blinde Wut und Leidenschaftlichkeit oder Ausdauer und Innerlichkeit, der Adler die Angriffslust oder eine geistige Überschau.

Das Tierische in uns will angenommen und veredelt sein, selbst das Drachen- und Schlangenhafte, das in der christlichen Kultur bislang als das Böse herhalten musste. Dann hilft es uns sogar, zum Beispiel bekommt der Drache Flügel und trägt uns in die weisheitsvollen Lüfte oder es windet sich die Schlange auf dem heilenden Äskulap-Stab empor und dergleichen mehr.

Wie gesagt zeigt Uranus im Horoskop den Weg zum höheren Selbst, zum Geistselbst oder Manas-Prinzip. Neptun deutet hin auf den Lebensgeist-Bereich, auf das Buddhi-Prinzip. Auch hier verbindet ein Kentaur mit dem Namen Phollus. Zuletzt kann Pluto auf den Atmanbereich, auf den Geistesmenschen hinweisen. Sein vermittelnder Kentaur heißt hier Nestus.

Somit kann man einsehen, wie der Kosmos im Äußeren bestimmte Zeichen setzt und damit Wege aufzeigt, wohin die Seele sich entwickeln soll. Nur ist es im Leben nicht ganz so einfach wie in der Theorie, denn bevor man in die befreiten Geist-Sphären von Uranus, Neptun und Pluto eintreten kann, werden zuerst deren Schattenbereiche, kollektiv und individuell, sichtbar.

Uranus ist im Psychologischen der Reformer und Revolutionär. Sein Geist spiegelt sich kollektiv in der Wissenschaft, im Erfindungsgeist und in der Technik. Individuell strebt er zur Freiheit und zur Unabhängigkeit, aber auch zu einer Selbstlosigkeit, zum Altruismus, zur Welt der Ideen und zur Gnosis, zu einer Geisterkenntnis und schließlich zum Geistselbst hin. Der heilige Geist im Menschen, unser individuelles, höheres Ich bedingt ein Streben zur Wahrheit, zur Weisheit und zum Licht.

Uranus im Horoskop deutet also hin auf den Weg zum hohen Selbst. Doch in seinem Schatten lauert Ahriman, dessen Erscheinungsweise im Irdischen die Elektrizität ist. Im Gegensatz zum Licht der Wahrheit, bringt die Elektrizität nur ein kaltes, künstliches Schein-Licht. Im Individuellen zeigt sich diese Schattenseite in Tendenzen hin zu einer Zersplitterung und Isolation, zur kalten Berechnung, zur Lüge und zum Trennenden; kollektiv in einer einseitigen Technisierung und Mechanisierung, sowie in den Netzen der digitalen Welt, die alles Natürliche verdrängen wollen.

Individuell und in einer gesunden Weise strebt Uranus hin zu Freiheit und Unabhängigkeit, zur Brüderlichkeit im Sozialen und dem sich Verbinden in Wahlverwandtschaften, dem Arbeiten und Lernen in Teams und so weiter.

So kann hier recht leicht eingesehen werden, dass wir es heute vor allem noch mit den Schattenseiten der geistigen Welt zu tun haben, die jedoch zukünftig vermehrt auf- und durchbrechen will. Dies wird aber nicht ohne „Revolutionen" beziehungsweise ohne abrupte Veränderungen geschehen können, weil dies der Signatur des Uranus entspricht, der in der jetzt beginnenden Wassermannzeit vermehrt zum Wirken kommt, da Uranus der Herrscher im Tierkreiszeichen Wassermann ist.

Bekanntlich weht der Geist wann er will und wie er will und wir Menschen haben nur die Möglichkeit, uns bereit zu machen und ihn empfangen zu lernen oder aber ihn abzulehnen, was jedoch nicht anzuraten ist, da man sich dadurch hemmend und bremsend in den Fortgang der Weltentwicklung hineinstellt, mit allen Folgen daraus. Bestimmen über den Geist und über den Weltenlauf können wir Menschen nämlich nicht wirklich beziehungsweise nur sehr begrenzt. Wirken wir dem kosmischen Plan und damit der Apokalypse entgegen, werden wir dafür die Konsequenzen tragen müssen. Und das wird sicher nicht ganz einfach sein. Wer sich tiefergehend mit der Apokalypse des Johannes beschäftigt, wird darin zahlreiche Winke und Wegweisungen finden, die eine Hilfe anbieten, aber auch vor manchen Kräften warnen, die heute vermehrt in unser Alltagsleben eindringen wollen. Die apokalyptischen Tiere aus dem Abgrund, sie lauern auf unsere Schwächen und Verfehlungen, denn daran können sie sich klammern und diese noch vermehren. Doch zu allen Zeiten und in allen Prüfungen gibt es auch geistige Hilfen und Helfer, wenn wir uns diesen zuwenden wollen.

So wie die Gnosis zum göttlichen Geist hinführen will, so die Mystik zum göttlichen Sohn im Menschen. Der Lebensgeist beziehungsweise in indischer Terminologie das Buddhi-Prinzip, diese Sphäre beschreibt die All-Liebe, das große kosmische Opfer, die göttliche Hingabe an die Welt. Sie wird in unserem kosmischen System durch Neptun repräsentiert.

Im Schatten des Lebensgeistes beziehungsweise von Neptun wirkt Luzifer. Er verblendet durch Rausch und Ekstase, durch Illusion und Schein. Seine untersinnliche Kraft zeigt sich im Magnetismus. Im Kollektiven ist heute ein großes Verschleierungswerk aus Unterhaltung, schönem Schein und Zerstreuungen aller Art in vollem Gange, das letztlich nur den individuellen Egoismus fördern will. Amüsement und eine Glitzerwelt, also das Aufgehen in einem subjektiven Narzissmus soll sich wandeln, hin zu echter Hingabe und Liebe für die Welt des Geistes und für alle Kreatur.

Im Planeten Neptun zeigt sich das kosmisch-auflösende Prinzip, Altes darf überwunden werden, damit neuen Sphären, damit dem Transzendenten ein Raum geschaffen werden kann.

Der Geistesmensch, das Atman-Prinzip, offenbart den göttlichen Vater im Menschen. Der „Planet" Pluto offenbart dann auch, wenn seine Schattenseiten überwunden sind, den kosmischen Weltenwillen, der magisch alles Sein durchtönt und langsam aber sicher, gestaltwandelnd bis in die Materie, bis in den Leib einwirken wird. Jedoch verweist Pluto auch in Jenseitsbereiche, in den Hades, in die Totenreiche hinein, die zu einer Wandlung und einem Neubeginn aufrufen wollen.

Im Schatten des Weltenwillen, der die gesamte Schöpfung wieder zum göttlichen Ur-Willen zurückführen möchte, steht Sorat, der Sonnen-Dämon. der eigentlich alles, die gesamte Schöpfung nur zerstören will. Die Atomkraft zeigt physikalisch diese untersinnliche Kraft der Zerstörung. Schwarze Magie, Machtbesessenheiten, Gewalt, Folter und Zerstörung weisen im Menschenreich hin auf die Wirkungen dieser Sorat-Kräfte, die von den sogenannten Asuras vorangetrieben werden. Nur durch sehr große persönliche, liebevolle und kollektiv-gesellschaftliche Opfer, die dann von vielen Völkern und Nationen mitgetragen werden müssen, ist diesen destruktiven Kräften, Wesen und damit den Klauen eines perversen Vernichtungswillen zu entkommen. Wir müssen schließlich alle einmal bereit zum Opfer, zur Wandlung, zum Sterben sein, an nichts sollen wir mehr anhaften und uns davon fesseln lassen, dann erst werden wir wirklich frei.

Das Dunkle mahnt uns also, es zu überwinden, ansonsten geraten wir mehr und mehr in dessen Knechtschaft hinein und das wird uns gar nicht gut bekommen. Das himmlische Licht, es steht uns immer helfend bei, wenn wir es in Freiheit suchen und wenn wir lernen, dessen Prinzipien im Irdischen, im Alltag umzusetzen. Denn das Leben auf der Erde soll einmal durchgeistigt und durchlichtet, vom göttlichen Geist durchdrungen sein, denn das Reich Gottes auf Erden, eine neue, eine vergöttlichte Erde und Menschheit ist das Ziel, dem wir Menschen entgegenstreben dürfen.

Eine Kosmologie der Zeit

Durch meine persönliche Biographie habe ich gelernt, Brücken zu bauen zwischen verschiedenen spirituellen Strömungen, wie der Astrologie und der Anthroposophie, der Hermetik, dem Tarot und der Psychologie, sowie den Runen, dem Christentum und dem Buddhismus und einigen mehr. Dabei ergeht es mir so, dass ich in keiner einzelnen Strömung allein meine „Heimat" finden könnte, auch weil überall wichtige Komponenten zu finden sind. So bin ich ein „einsamer Wanderer", dem allein das Streben zum Licht der Wahrheit hin genügt, um immer tiefer in geistige Erkenntnisse und Erfahrungen eingeführt zu werden.

Die Menschheit befindet sich in einer turbulenten Zeitphase, die den Übergang in einen neuen Zeitabschnitt markiert; dies kann im Weltgeschehen überall recht deutlich und immer stärker erfahren und auch erkannt werden. Auf der Grundlage des Maya-Kalenders wurde von vielen Esoterikern vor allem der 21. Dezember 2012 als die Schwelle in diese neue Zeitepoche erhofft und beschrieben. Natürlich ist mit diesem Übergang eine größere Zeitphase verbunden und nicht nur ein einzelner Tag. Inzwischen gibt es auch eine zahlreiche Literatur zum Thema des spirituellen „Aufstiegs", zum Beispiel von Drunvalo Melchisedek über die Schlange des Lichts. Darin werden aber auch luziferische Einflüsse ziemlich deutlich. So wurde dieses Datum im Vorfeld auch mit einer recht großen Euphorie und Spannung herbeigesehnt. Manche Autoren befürchteten jedoch die Inkarnation Ahrimans in dieser Zeit.

Von einem astrologischen Standpunkt aus gesehen, kann durchaus gesagt werden, dass es sich in dieser Zeitphase, die noch etliche Jahre andauern wird, um eine kosmische Schwellen- oder Prüfungskonstellation handelt, wo dann aber nicht unbedingt immer nur lichte Kräfte wirken, sondern viel eher die Möglichkeiten für eine seelische Kälte, Abstraktion und dem Aufsteigen niederer Kräfte, bis hin zu Besessenheiten gegeben sind. Daher sollte in dieser Schwellen-Zeit, die uns alle betrifft, ganz bewusst die warme Herzensliebe und die menschliche Vernunft gepflegt werden.

Seit längerem schon befinden wir uns kosmologisch betrachtet im Übergang von der Fische- in die Wassermannzeit, das heißt, die Kräfte des Wassermanns wollen dann auch gesellschaftlich zum Durchbruch gelangen. Die planetarischen Herrscher des Tierkreiszeichen Wassermann sind Saturn und Uranus; sie zeigen, wie vorher schon besprochen, den Übergang von der Bewusstseinsseele in die Sphäre der Objektivität und Wahrheit hinein. Saturn mahnt dabei zu Verantwortung, Uranus will erneuern, vor allem aus dem lebendigen Geist heraus.

Ich bin mir durchaus bewusst, dass Anthroposophen hier einige Schwierigkeiten haben werden, da Rudolf Steiner die Bewusstseinsseelenzeit mit der Fische-Zeit gleichgesetzt hat. Wie Rudolf Steiner darauf kommt und warum er das so macht, ist mir nicht ganz klar, auch nicht ganz einleuchtend, denn das astrologische System ist ein eigenes, das seiner eigenen Zeitrechnung folgt und daher nicht von einem anderen System vereinnahmt oder überlagert werden darf. Warum Rudolf Steiner die Wassermannzeit erst in etlichen Jahrhunderten beginnen lassen will, kann ich mir nur so vorstellen, dass bis dahin eine größere Anzahl innerhalb der Menschheit die Reife und die Qualitäten des Wassermanns erreichen wird und sich aneignen kann. Heute ist das nur einem relativ kleinen Teil an Menschen möglich. Doch diese Impulse müssen auch heute schon angewandt und gelebt werden können, quasi als Zukunftskeime, damit diese neuen Qualitäten später von vielen aufgegriffen und verwirklicht werden können.

Das astrologische System wird jedoch von eigenen Qualitäten bestimmt, die den jeweiligen Tierkreiszeichen zugeordnet sind und die werden dann auch in geschichtlichen Ereignissen sichtbar.

So ist die Widderzeit bestimmt gewesen durch zahlreiche Eroberungen, wie durch Alexander dem Großen oder im römischen Reich, sowie einem erwachenden Denken im antiken Griechenland. Das Ordnen des gesellschaftlichen Lebens vom Verstande her wie im Römertum oder das Aufkommen des Patriarchats sind ebenfalls echte Widderzeichen und -qualitäten. Vor dem Widderzeitalter, in der Stierzeit, waren noch vermehrt weibliche Werte und Fähigkeiten, auch bestimmter Gottheiten, wie die Mysterienkulte der Isis angesagt. Die Fische-Zeit begann nach astrologischer Auffassung um circa 150 Jahre vor Christi Geburt und dauerte 2160 Jahre bis in die Zeit nach dem 2. Weltkrieg, als damals eine neue Jugendbewegung die „Aquarius-Hymne" auch musikalisch erklingen ließ.

Das Auftreten des Essener Ordens, der Rückzug von der Welt in Mönchsgemeinschaften, später der Minnesang, das Streben nach Romantik, Transzendenz und religiösem Glauben, sowie die hohe Kunst in Bildern und in der Musik, dies sind eben echte Fische-Qualitäten. Auch ist im mittelalterlichen Rittertum ein veredeltes Kriegersein, das noch aus der Widderzeit entstammt, zu erleben. Das Zeichen Fische ist weiblicher Natur, empfangend und sich hingebend, daher konnte auch das Kriegerische der Widderzeit noch lange in die Fische-Zeit nachwirken. Aber auch die ersten Impulse des Wassermanns fielen aus diesem Grunde noch in die Fische-Zeit hinein und die sind vor allem in der französischen Revolution zu erkennen. Freiheit, Gleichheit, Brüderlichkeit, das sind die Schlagworte mit denen man die Wassermann-Qualitäten am Treffendsten charakterisieren kann.

Ein astrologisches Zeitalter dauert circa 2160 Jahre, also stehen wir in unserer Zeitspanne am Beginn der Wassermannzeit. So finden sich natürlich auch heute noch „Reste" des Strebens zum Glauben, zur Mystik und zur seelischen Hingabe, zumeist in kirchlichen Zusammenhängen. Aber auch im Weltlichen wirken Fischekräfte, zum Beispiel in der Sehnsucht nach Rausch und Ekstase oder wenn gewisse Sehnsüchte und Sentimentalitäten des öfteren in schnulzigen Schlagern besungen werden. Jedoch, seit der Aufklärung und dem damit verbundenen Wissensdrang wächst das Bedürfnis nach objektiver Erkenntnis und Klarheit, nach gesundem Menschenverstand und individueller Freiheit, was eben den Qualitäten des Wassermann entspricht.

Die Schatten der Wassermannzeit zeigen sich vor allem in einer ahrimanisierten Technik und kalten Wissenschaft, die jegliches Gefühl und ein inneres, lebendiges Sein verbannen wollen. Die Geisteswissenschaft, die Anthroposophie ist dagegen eine Wissenschaft mit lichten Wassermann-Qualitäten, die letztlich auch die

Herzenswärme impulsieren will und soll, was leider aber nicht immer gelungen ist. Dies hat vielfältige Auswirkungen.

Gesellschaftlich führt eine zunehmende Individualisierung zum Verlust zahlreicher Traditionen, zum vermehrten Single-Dasein und zu abrupten persönlichen Lebenskrisen, wie der Arbeitslosigkeit und dem Verlust vertrauter sozialer Bindungen. Doch zukünftig wollen neue Lebensentwürfe und Systeme geschaffen werden, die der individuellen Freiheit, wie auch einem sozialen Miteinander dienen können. Neue Gemeinschaftsformen sind Aufgaben und Herausforderungen dieser beginnenden Wassermannzeit. Dabei bedarf es so mancher innerseelischer und dann auch äußerlicher Wechsel, Änderungen und Sprünge, denn oftmals trägt das Althergebrachte nicht mehr weiter. Quantensprünge, Bewusstseinsveränderungen bis hin zu einem kosmischen Bewusstsein werden möglich. Dies kann aber nicht ohne Krisen und ohne eine Schattenarbeit, also der Arbeit an sich selbst geschehen.

Die Engelsphäre wird dem Zeichen Wassermann zugeordnet. Engel kommen daher immer mehr ins Bewusstsein vieler Menschen und können diesen dadurch nahestehen und helfen. Engel behüten das höhere Selbst, bis dieses vom Menschen angenommen beziehungsweise aufgenommen werden kann. Das Geistselbst ist ja der individualisierte Heilige Geist, der Gottesfunke im Menschen, wenn dieser seine Seele für das Licht der Wahrheit geöffnet und bereitet hat; diese Wahrheit wird uns freimachen.

Göttliches und Menschliches, göttlicher Geist und menschlicher Geist wollen und sollen sich einmal verbinden. Eine Wiedervereinigung des menschlichen Ich mit dem Gottes-Ich, von Mensch und Heiligem Geist, von Anthropos und der Sophia ist das spirituelle Ziel, das in der Wassermannzeit erfüllt werden kann.

Astrologisch weist eine Sonne-Uranus Verbindung in diese Möglichkeit hinein, entweder über Transite oder Aspekte. Da wird dann ersichtlich, wann eine Verbindung von Ich und höherem Ich, zum Beispiel in Imaginationen oder Erkenntnissen möglich wird.

Sonne und Neptun Aspekte zeigen Möglichkeiten der Inspiration, der Kunst beziehungsweise eine Verbindung mit dem Lebensgeist, mit dem individualisierten Buddhi-Prinzip.

Sonne und Pluto-Aspekte beziehungsweise deren Transite beinhalten die Potenz zur Intuition wie auch ein magisch-religiöses Erleben aus dem Geistesmenschen, aus dem Atman-Bereich heraus. Jedoch sind solche Bestrebungen für die meisten Zeitgenossen noch eine ferne Zukunftsmusik, denn die höheren Planeten Uranus, Neptun und Pluto wirken heute noch wenig im Individuellen, dafür verstärkt im Kollektiv. Da entfalten sie ihre Rhythmen und beeinflussen mehr die Massen. Vor allem Pluto regiert die Masse. Neptun verschleiert und verführt in seinem kollektiven Aspekt die Menschen in Illusionen und Scheinwelten hinein. Uranus technisiert und verwaltet die kalte Intelligenz, will individuell gesehen aber daraus befreien und den Menschen zu einem Individuum, zu einem „Original" und Einzigartigen heranreifen lassen.

Wollen wir einen Gestaltwandel in den gesellschaftlichen Erreichnissen feststellen, so ist vor allem Pluto als Generationen beeinflussende Kraft etwas näher zu erforschen, denn mit seiner Umlaufgeschwindigkeit von 256 Jahren durch den Zodiak bleibt er circa 20 Jahre in einem Zeichen und da drückt er durchaus seinen Stempel in die Zeitqualitäten hinein. Ich will dies für die letzten Jahrzehnte und die heutige Zeit aufzeigen, um seine Wirkungsweise etwas besser verstehen zu lernen.

Von 1939 bis ungefähr 1957 durchlief er das Tierkreiszeichen Löwe.

Von 1957 bis ungefähr 1971 durchlief er das Tierkreiszeichen Jungfrau.

Von 1971 bis ungefähr 1983 durchlief er das Tierkreiszeichen Waage.

Von 1983 bis ungefähr 1995 durchlief er das Tierkreiszeichen Skorpion.

Von 1995 bis ungefähr 2008 durchlief er das Tierkreiszeichen Schütze.

Seit 2008 bis ungefähr 2023/24 durchläuft er das Tierkreiszeichen Steinbock.

Von 2023 an bis circa 2043 durchläuft er das Tierkreiszeichen Wassermann.

Pluto wirkt im kollektiven Unbewussten gestaltwandelnd. Jede neue Generation beziehungsweise jede neue Jugendepoche bringt daher neue Impulse und Aufgaben mit. Ich gehöre zum Beispiel noch in die Löwe-Zeit hinein. Da war die Auseinandersetzung mit dem Autoritären, mit dem Vater und das Experimentieren mit eigenen Lebensentwürfen angesagt. Natürlich kommen diese Impulse erst in der Jugendzeit richtig zum Tragen, also etwa 20 Jahre später. Studentenrevolten, die 68 iger, die Hippie-Bewegung und dergleichen mehr zeigen das Signum dieser Konstellation und Zeit.

Die darauffolgende „Jungfrau-Generation" hatte es eher mit Arbeit, Dienen, Pflichterfüllung, mit Anpassung an das System und mit Gesundheitsfragen zu tun. Für die Waage-Generation waren Beziehungsfragen maßgebend. Die Skorpion-Generation machte zu Beginn des neuen Jahrtausends ihre Jugendphase durch. Die Begegnung mit dem Dunklen, mit Gewalt, Abhängigkeiten, mit Sex, Perversion und Todeskräften war hier angesagt. Da wundert es nicht, wenn Komasaufen und sonstige Abgründigkeiten eine gesellschaftliche Rolle spielten.

Die Jahre von 1983 bis 1995, also die Zeit, als Pluto durch den Skorpion lief, wurden gesellschaftlich gesehen vor allem auch mit dem Beschäftigen von Todesprozessen wichtig. Frau Kübler-Ross und das Entstehen der Hospiz-Bewegungen zeugen davon.

In den Schütze-Jahren waren sportliche Ereignisse und Leistungen tonangebend, aber auch das vielfältige Reisen und vermehrte Fragen nach humanistischen Werten, zum Beispiel in der Leitbild-Debatte. Ich hoffe auch, dass die nachfolgende Jugend aus dieser Zeit wieder vermehrt Werte und Tugenden aufgreifen wird, da doch jede nachfolgende Jugendgeneration sich ein Stück weit abgrenzen möchte von der vorherigen und ihren eigenen Stil entfalten will, auch weil jedes astrologische Zeichen eben einen ganz anderen Charakter aufweist. Die derzeitige „Schütze-Jugend" fordert vermehrt Vernunft und Verantwortung, also Werte, die wieder mehr auf ethische Tugenden und Verhaltensweisen setzen. Die Klimaschutz-Bewegung offenbart dies sehr deutlich.

Gesamtgesellschaftlich gesehen durchlaufen wir heute die

41

Steinbock-Jahre. Verantwortung, persönliche Reife, Schwellener-lebnisse und Korrekturen sind daher angesagt. Die Finanzkrise, der drohende Klimakollaps, die wachsende Armut, Finanzskandale und Betrügereien, gesundheitliche Herausforderungen und so weiter rufen zu einer drastischen Umkehr, ansonsten werden wir zur Reife gezwungen.

Pluto zeigt immer auch die Abgründe, das, was man gerne unter den Teppich kehrt, was man nicht sehen will. Diese Abgründe offenbart am ehesten noch die Jugend. Sie stellt uns also immer auch einen Spiegel vor und sie zeigt und fordert Impulse, die zu einer Überwindung dieser Mängel beitragen können, indem dann eigene Vorstellungen entwickelt und durchgesetzt werden sollen.

Pluto will letztendlich von der Masse zu einer eigenen, einer individuellen Vorstellung und Einstellung hinführen. Dadurch wird allmählich erst der Weg frei zu einem höheren Willen, zum göttlichen Willen, zur heiligen Magie, denn Pluto vertritt im Menschen den göttlichen Vater, das Atman-Prinzip, das durch eine Opferbereitschaft gefunden werden kann. Dieses Atman ist die kosmische Schöpferkraft im Menschen selbst, die den geheilten, den erlösten Pluto ausmacht. Doch weit ist der Weg dorthin. Wird diese Kraft aber negiert, kann sie in das Gegenteil umschlagen und zerstörerisch wirken. Altes, nicht mehr Zeitgemäßes muss dann zugrunde gehen. Und dies vor allem, wenn wir in Massen-phänomenen stecken bleiben und dadurch von anderen Mächten manipuliert werden können, so wie dies in unseren Tagen im großen Stile geschieht, wenn man nur einmal auf das Presse- und Gesundheitswesen sein Augenmerk richten will.

Die Steinbock-Jahre werden zunächst Zeiten des Gerichts sein. Karma wird walten, denn viele Weichen sind schon gestellt. Übernehmen wir Verantwortung für all unser Tun, zum Beispiel gegenüber der Schöpfung oder müssen vermehrt noch weitere Krisen, Katastrophen, Beschränkungen und Korrekturen unser Fehlverhalten aufzeigen?

Pluto im Steinbock bedeutet gesellschaftlich gesehen eben auch, dass alte, überkommene Strukturen und Machtkonstellationen korrigiert beziehungsweise zerstört werden wollen, so wie dies zum Beispiel in manchen orientalischen Ländern im sogenannten arabischen Frühling zu sehen war. Die Menschen sollen und wollen immer stärker zu einer individuellen Verantwortung für ihr Leben in der Gesellschaft erwachen und heranreifen. Selbstbestimmung und eine gesellschaftliche Verantwortung sind daher angesagt. Ob sich damit aber auch heute schon die neuen und zukunftweisenden Impulse wirklich durchsetzen werden, bleibt abzuwarten. Erst geht es vordergründig nämlich um das Zerstören und Wandeln alter Begrenzungen bei diesem Durchlauf durch die Steinbockjahre. Pluto repräsentiert schließlich das Stirb und Werde-Prinzip beziehungsweise die Wandlungsphase von Tod und Auferstehung. Doch die alten und autoritären Kräfte sind noch stark, das sind die Schatten dieser Zeit. Jedoch, wenn die falschen „Führer" ein Land regieren, wird dieses mit der Zeit „verwüsten", das ist ein geistiges Gesetz.

Ab den Jahren 2023/24 werden die Wassermann-Impulse verstärkt zum Zuge kommen können, wie zum Beispiel der Dreigliederungs-Impuls, mehr demokratische Rechte durch Volksentscheide, also mehr Mitbestimmungen und Befreiungen aus den vormundschaftlichen politischen und wirtschaftlichen Gängelungen. Bis dahin waltet Strenge, Prüfung, Begrenzung und ein Erstarken konservativer und autoritärer Kräfte, aber auch neue Impulse erstehen, sowie Korrekturen durch ein neues Verantwortungsbewusstsein für die Erde und die Welt.

Doch man darf sich nicht nur auf kosmische Signaturen verlassen, denn diese sind immer recht vielfältig. Pluto wirkt ja nicht allein. So lief Uranus seit dem Frühjahr 2011 bis ins Jahr 2019 durch das Widderzeichen. Er ist der Revolutionär; so konnte man seine Wirkungen recht gut im sogenannten arabischen Frühling bemerken. Neptun wanderte ins Fischezeichen, was eine verstärkte Zuwendung zum Religiösen, aber auch zum Rauschhaften und Illusionärem bewirkt. Mit diesen Energien wird die nächsten Jahre weiter zu rechnen sein. Uranus durchläuft die nächsten Jahre das Zeichen Stier, da sind dann Fragen nach einem neuen Umgang mit dem Geld, mit dem Grund und Boden, wie überhaupt mit der Natur zu bearbeiten. Doch noch bremsen die alten Kräfte aus

Geld, Macht und Konvention die neuen und guten Impulse und Konzepte für eine gesündere Welt, die es in vielen, meist kleineren Initiativen gibt.

Aber auch dann, wenn im Äußeren, sowie im Kosmischen noch wenig Hilfreiches oder Hemmendes erscheint, kann im Inneren und im Kleinen um so mehr getan werden. Streben wir dabei nur zum persönlichen Glück, zur eigenen Erleuchtung oder hin zu einer Wahrheit, die auch Weh tun kann? Denn auf dem Wege zum Guten und zur Wahrheit hin, entdeckt man auch viel Falsches und Illusionäres. Letztlich soll jedoch der Geist der Wahrheit und der Güte den Menschen führen und leiten. Ihn dürfen wir in uns entdecken, denn der Geist der Wahrheit ist auch in uns. Diese Erkenntnis ist ein Signum der beginnenden Wassermannzeit. In einem erweiterten Denken will er sich in uns offenbaren, vor allem dann, wenn alle Gedanken schweigen, wenn allmählich eine Stille im reinen Denken herrschen kann. Nur noch der Denker ist da. Ich folge mittels der Denkkraft, nicht mittels eines Gedankens der Wahrheit. Ich taste mich so an die Wahrheit heran, die mich inspiriert und in mir Imaginationen hervorrufen will.

Im Studium geistiger Wahrheiten und in der Meditation lasse ich mich berühren von der Wahrheit. Wir dürfen uns bereit machen und sie empfangen. Eigentlich ist sie immer da – im Gewissen und im Wahrheitsempfinden, nur können wir ihre leisen Töne in unserer lärmenden Zeit nicht mehr so leicht vernehmen. Darum: „Seid wachsam und betet".

Mittels der Denkkraft können wir wach und achtsam sein und unsere Aufmerksamkeit auf geistige Bereiche hinlenken, die wir anstreben wollen und mittels eines reinen Fühlens und Wollens können wir uns diesen höheren Sphären annähern und hingeben.

Doch die Wahrheit erkennen und dann nach ihr handeln zu können, bedingt ein Zusätzliches, denn alte Gewohnheiten und Bequemlichkeiten stellen sich diesem Tun aus Einsicht oftmals entgegen. Längerfristig gesehen bleibt uns jedoch keine andere Wahl, als diese Hindernisse zu überwinden, da erst ein wahrhaftiges Leben einen wirklichen Sinn und eine Freiheit bringen kann. Wir sollen die Wahrheit schließlich in Liebe tun, dann macht sie frei. Göttliches kann schließlich in den Menschen einziehen, denn das höhere Ich und die Wahrheit, sie sind eins.

„Ich bin die Wahrheit ..... ich bin Wahrheit".

Dieses Streben führt zum guten Geist der Wassermannzeit. Er will ja auch heute schon gesucht werden.

In der germanischen Mythologie ist es Widar, der den Fenris-Wolf in Schach halten kann. Wer stoppt den heutigen Gigantismus aus Macht, Geld, technischer Überwachung, Raubbau und sozialer Erniedrigung vieler Menschen? Wer kann dieses System der mechanisch-intellektuellen Automatismen, die immer stärker in das Seelenleben vieler Menschen eindringen, noch stoppen? Wo ist Widar heute?

Er war ja der Engel der germanischen Völker. Heute ist er, nachdem der Erzengel Michael zum Archai und damit zum Zeitgeist aufgestiegen ist, zum Träger des wiederkommenden Christus im Ätherischen geworden. Somit dürfen wir unseren Blick hinwenden in das Reich des Lebendigen, das zunehmend angegriffen und bekämpft wird. Ob es dabei um chemische Gifte oder um elektromagnetische Strahlungen geht ist nicht so entscheidend, denn letztlich wird durch viele derartiger Aktivitäten unsere Lebensgrundlage zerstört. Das einzig Gute daran ist, dass wir dabei alle in einem Boot sitzen. Nirgends wird man mehr sicher sein können vor den Auswirkungen, die wir durch gewisse technische Manipulationen heraufbeschwören. So setzt uns das Lebendige, also Mutter Erde selbst Grenzen. Unsere eigene biologische Disposition hängt eben auch von der Lebenssphäre der Erde ab. Wollen wir gesund sein, müssen wir zur Gesundung der Erde beitragen!

Des Menschen Schicksal ist mit Gedeih und Verderb mit dem Leben der Erde verbunden. Der Geist der Erde ist Christus. Seine Wiederkunft findet in der Lebenssphäre der Erde statt. Wollen wir sie annehmen und aufnehmen oder wollen wir sie negieren und verhindern? Wir stehen mitten in einem großen Drama, in einem Geisteskampf, dessen Ende und Ausgang noch nicht entschieden ist. Jedoch, wir haben es selbst in der Hand, welchem Geist wir uns zuwenden und welchem wir zukünftig dienen wollen.

Christuswirken – heute

Viele soziale Bewegungen und caritative Tätigkeiten, Umwelt-gruppierungen und demokratische Foren zeigen etwas von einem humanistischen Geist, der zumeist an der sogenannten Basis innerhalb vieler Gesellschaften und Völker zutage tritt. Doch diese Impulse finden oftmals nur sehr schwer einen Einlass in die Politik und die Wirtschaft und damit auch in unsere gesellschaft-lichen und kulturellen Bestrebungen hinein. Denn da zählen über-wiegend noch die Geld- und Machtinteressen, folglich das Streben nach Profit und Weltherrschaft. Eine Ökonomisierung aller gesell-schaftlichen Bereiche verdrängt zusehends das zwischenmensch-liche und soziale Element. Manche Techniken greifen die Lebens-grundlagen der Erde an und verursachen einen immensen Raub-bau und eine Zerstörung nie dagewesenen Ausmaßes. So müssen wir leider feststellen, dass es der Christusimpuls noch sehr schwer hat, in unserer Kultur wirklich zum Tragen zu kommen.

Christus beziehungsweise seine Impulse können aber auch nicht „verordnet" werden, zum Beispiel seitens der Politik oder der Kirche, denn er will von jedem Einzelnen in Freiheit erkannt, an-genommen und dann auch aufgenommen werden. Die mensch-liche Seele soll sich für seinen Geist öffnen können. Nur durch den einzelnen Menschen kann Christus in der Welt zum Wirken gelangen. Selbstverständlich dürfen sich Einzelne dann auch zusammenschließen, damit ihre Kräfte potenziert werden können. Daraus erwächst eine helfende und heilende Beziehung, zunächst für jeden Einzelnen, dann für die Mitmenschen und die Erde. Wir dürfen Christus folglich in uns finden und entdecken.

Die Gemeinschaft der Mitmenschen reflektiert unser eigenes Vor-wärtskommen oder aber das Hängenbleiben am Alten und Kran-ken. Der Mitmensch beziehungsweise sein Entgegenkommen und Agieren offenbart und prüft schließlich die Reife des eigenen inneren Bewusstseins. Und dieses ist ja oftmals noch von unreifen und abgründigen Einflüssen aus dem Unterbewussten tangiert, daher reagieren wir manchmal noch mit emotionalen und affektiven Mustern darauf. An einem Aufarbeiten alten Karmas und damit einer Bewusstwerdung seelischer Einseitigkeiten und Einstellungen, kommt daher niemand vorbei, der sich wirklich mit dem Christusgeist verbinden will. Das muss dann auch nicht immer nur angenehm sein. So sind die christlichen Feiertage im Jahreslauf selbst mitunter recht stark umkämpft und alles andere als „heilig" und harmonisch verlaufend, da das „Licht der Welt" eben all unsere dunklen Ecken beleuchtet und diese dadurch zum Vorschein kommen können.

Wollen wir heil werden, von Innen heraus stark werden, leuchten, so müssen wir zuvor in den inneren Drachen hineinschlüpfen, der alles verdunkeln will.

Das göttliche Licht in sich entdecken, bedeutet zunächst, dass wir in unseren „Keller" eintreten müssen, in unterbewusste Seelentiefen und dort die „Türen" zu geheimnisvollen Kammern öffnen. Das Christuslicht will und kann uns hierzu begleiten. Imaginative Übungen helfen beim Abstieg in die Seelentiefen. Da gibt es nun viele Räume im eigenen Inneren, worin sich viel Unangenehmes und Erschreckendes verbergen kann. Lange Zeit hat man durch verschiedene Ablenkungen und Fluchtmechanismen diese Seiten und Kammern in sich verdeckt.

Will man das innere Licht ergründen, müssen alle Türen geöffnet werden. Was da zum Vorschein kommt, muss angenommen und verwandelt werden. Unsere Doppelgängerkräfte sind zu achten, denn wir brauchen diese Energien für das Wirken in der Welt. Nichts soll verloren gehen oder verdammt sein, jedoch darf alles verwandelt und veredelt werden. Wut und Aggressionen können zum Beispiel in eine innere Stärke und Lebendigkeit umgewandelt werden, Angst in Liebe und Mut, vor allem, wenn wir uns nicht beherrschen lassen von solchen Gewalten, sondern immer darin auch eine positive und zukunft-tragende Möglichkeit erblicken.

Gehen wir so, nach und nach, behutsam und nichts erzwingend, alle verborgenen „Kellerräume" durch, wird irgendwann einmal eine Türe folgen, hinter der sich das innere Licht verbirgt. Dieses will heraustreten, wir dürfen es annehmen und uns damit ganz durchfluten lassen, eins werden mit diesem Licht. Rudolf Steiner beschreibt dieses Licht sehr eindrücklich in dem folgenden

Spruch, den wir gerne immer wieder meditieren dürfen:

„Strahlender als die Sonne,
reiner als der Schnee,
feiner als der Äther,
ist das Selbst,
der Geist in meinem Herzen,
dies Selbst bin ich,
ich bin dies Selbst"

Christus wirkt von Innen, vom Herzen der Menschen aus. Wir dürfen daher lernen, unsere Mitmenschen in ihrem Herzen anzusprechen, an dem Ort, wo das Gute wohnt. Dies hilft auch irregeleiteten Menschen, wobei in einem therapeutischen Sinne immer auch die Einseitigkeiten und Verfehlungen bewusst gemacht werden müssen. Doch ohne ein liebe-getragenes und lichtvolles Schauen sieht man oft nur das Negative im Anderen und schnell ist man dabei, zu kritisieren oder zu verurteilen. Das bringt aber niemanden wirklich weiter. Wie also können wir Christus finden? Er ist der Bräutigam, der auf seine Braut wartet. Wo ist dann die Braut?

Wieder müssen wir hinabsteigen in die Abgründe des seelischen Seins, wo finstere Drachen das innere Licht verwehren und versperren wollen. Diese dunklen, aggressiven, voller Hass speiende oder innere Zweifel, Spott und Bedrückungen tragende Drachenwesen müssen wir aushalten können, sie annehmen und letztlich allmählich auch erlieben lernen. Denn wir benötigen das verwandelte und geläuterte Feuer dieser Drachen. Damit können wir die göttliche Sophia, die himmlische Weisheit in uns befreien.

Ahriman, der Geist der Finsternis, hält sie in uns gefangen. Ihm müssen wir entgegentreten können. Nicht ein Verteufeln oder Zurückweisen ist hier mehr angesagt. Das in Wärme verwandelte Feuer des Drachens vermag es, Ahriman beziehungsweise das innere, dunkle, kalte und verfestigende Prinzip zu erweichen. Wir dürfen ihm letztendlich sogar dankbar sein für die Aufgaben und Verpflichtungen, die er im Zuge der Evolution für die Menschheitsentwicklung angenommen hat. Ihm Wärme und Liebe zukommen zu lassen, auch Bitten und Gebete für seine Erlösung, machen den weiteren Weg für uns und damit auch für ihn selbst freier; Ahriman verliert dadurch seine Kälte und Starrheit.

Treten wir ein in die kalten Seelenreiche seiner Wirklichkeit, so empfängt uns zunächst viel Krankes aus seelischem Schmutz und geistiger Trübheit. Diese Abgründe können wir in uns entdecken, aber auch die äußere Welt und da vor allem unsere Mitmenschen, sie spiegeln oftmals im Äußeren, was wir im eigenen Inneren noch nicht genügend gesehen, erkannt und gewandelt haben.

Mitten hindurch – der Weg des Parzival und damit ein zeitgemäßes Streben nach dem Geist, nimmt die Abgründe an und versucht mit innerer Macht und Stärke, diese Abgründe zu besiegen oder besser gesagt, sie zu er-lieben. Nicht mehr ein äußerer Kampf ist dabei angesagt, sondern vor allem ein Ringen um das Gute in uns selbst. Dieses soll stärker werden als die Verletzungen, die Beleidigungen, die Ungerechtigkeiten und Verleumdungen, die mit „eisernen Schlägen" die sich entwickeln wollende, offene und zarte Seele treffen können. Wir brauchen aber nicht mehr dagegen ankämpfen, zum Beispiel durch ein Zurückschlagen oder einem Fortrennen, eher ist ein Hinhorchen, ein Verstehen wollen und eine Antwort durch Güte, Liebe und guter Hoffnung angesagt. „Wenn dir einer auf die rechte Wange schlägt, so halte ihm die linke hin". Die linke Seite ist die Herzensseite. Da geht es um Einfühlung, um Verständnis und Liebe. Diese Qualitäten dürfen wir erringen, auch wenn noch so schlimme Attacken uns aus dem Gleichgewicht bringen wollen. Die Feindesliebe erst hebt den Menschen über seine persönlichen Grenzen hinweg und eröffnet in ihm eine Liebe, die seelische Mauern und Verhärtungen sprengen kann und damit allen zum Segen gereicht.

Irgendwann leuchtet, bei andauernder Bemühung, einmal in und aus den hintersten Ecken unserer Seelengründe ein durchscheinendes Licht. Ein Wesen, fein und schön, erscheint darin. Wir dürfen es mitnehmen, hinaustragen aus dem Kerker des Todes. Und wir dürfen es emporheben, auch an Luzifer vorbei, der uns noch betören und berauschen will. Doch er hat keine wirkliche Chance mehr, denn das Wesen, das wir in den Händen tragen ist so beglückend und rein, es will hinaus in die Natur, in das Schöpfungslicht und es will ganz in uns hinein, eingeatmet und aufgenommen werden, damit es unsere Seele, vor allem unseren Astralleib ganz durchdringen kann.

Die göttliche Sophia ersteht im verwandelten Seelenleib, hier ist sie die Braut. Aus dem Ätherischen, aus dem Reich des Lebendigen kommt ihr Christus entgegen, auch in uns. So vereinen sich Natur, Leben, Seele und Mensch im Lichte kosmisch-irdischer Wesen und Kräfte. Dies ist die himmlische Hochzeit, zu der wir alle eingeladen sind.

Diese Imagination verdeutlicht in künstlerischer Weise, wie die menschliche Seele sich dem Christus nähern beziehungsweise wie sie sich mit ihm vereinigen kann. Dies kann als ein inneres Erlebnis erfahren werden, so dass damit ein Keim gelegt wird, der jedoch erst im realen Leben der Welt zu einer Vollendung heranreifen kann. Und natürlich geschieht dies nicht von heute auf morgen. Nach geistigen Erlebnissen, Befruchtungen und Einschlägen erfolgt zumeist eine harte Probezeit. Die Welt, sie darf uns prüfen und korrigieren. Doch was man einmal hat errungen, das bleibt bestehen. Auf dieses können wir aufbauen, auch wenn neue Aufgaben und andere Tätigkeiten unsere Aufmerksamkeit erfordern oder der Alltag uns von solchen Erlebnissen ablenken kann. Immer wieder müssen und können wir neu ansetzen. Es gibt keinen geistigen Besitz, auf dem wir uns ausruhen dürfen. Ein spiritueller Weg findet so schnell kein Ende. Jedoch, bestimmte „Lichtzeichen" auf diesem Weg, sie helfen uns, die nächsten Stufen und Etappen besser meistern zu lernen.

Viele Geistsucher wünschen sich ja ein „Klick" und die Erleuchtung ist da. Mein inneres Erleben zeigt mir dagegen eher ein langsames Wachsen im Sinne von Metamorphosen, wo sich, wie bei der Pflanze, eine höhere Stufe erst ergibt, wenn die vorherige sich zurückgenommen hat beziehungsweise zu einer Knospe verdichtet wurde, um dann allmählich und mit Hilfe des Sonnenlichtes zu einer Blüte sich zu wandeln.

In diesem Sinne wollen die hier dargelegten Gedanken den Leser ermutigen, immer mehr in die eigenen Tiefen hineinzuhorchen und hineinzuschauen. Am Grunde der Seele liegt ein Schatz, der emporgehoben werden will. Diesen Schatz dürfen wir in die Welt tragen, dorthin, wo offene Seelen etwas davon empfangen wollen. Wir dürfen schenken und teilen lernen. Und wir dürfen eine neue Gemeinschaft bilden, die getragen ist von Liebe und Licht. So möchte ich hier mit einem Gedicht, das ich vor etlichen Jahren niederschreiben durfte, schließen.

Für Sophia

Aus tausend Gesichtern der Leere erkenne des Reichtums Glück
in verantwortlicher Hingabe.
Wer trägt des Alltags Last?
Verkünderin des Hohen –
Du neigst Dich dem Drangsal der sehnsüchtig Dienenden!

Im taufrischen Glanz der Verbundenheit echter Begegnung
ersteht aus fahlen Tagen des Leichtsinns
goldumkränzter Pfad der freien Tat.
Erde – ich gelobe Dir
Treue zu halten dem Eid der Neugeborenen.

Keime der Hoffnung erblühen in bunten Gefilden des
Vertrautseins - zu sagen: „was werden will".

Geduldig harrend, der Wahrheit verpflichtet,
neigt sich dem mutigen Schritte der hohe Freund
und schenkt den goldenen Becher erquickenden Tranks
der erkennenden Weisheit aus seienden Gründen des Alls.

Im ewigen Werden huldigt erwachende Seele der kommenden
Welt.
Der Schleier fällt.

Ein Literaturverzeichnis findet sich erst am Ende des Buches.

Die Ausführungen zu den Doppelgängerkräften im ersten Teil dieser Schrift wurden durch das Buch von Bernhard Lievegoed mit dem Titel: Der Mensch an der Schwelle angeregt. Ansonsten beziehe ich mich weitestgehend auf frühere Schriften von mir und eben dem Thema des Seminars zur heutigen Weltlage der Wege-Zeitschrift, das mich zum Verfassen der vorliegenden Gedanken animierte.

Mensch und Gott
Meditative Betrachtungen
Inhaltsverzeichnis Teil 2

Teil 2
Mensch und Gott
Meditative Betrachtungen

Gewidmet:
Dem Gott im Menschen und
damit dem Göttlichen im Menschlichen

Vorwort

Nach dem ich im 1. Teil dieser Schrift mit dem Titel: Ich und Welt - versucht hatte, einen individuellen Standpunkt und damit eine Stärkung des menschlichen Ich in der Welt zu finden und zu beschreiben, liegt nun mit diesem 2. Teil eine Erweiterung des bisher Dargestellten vor. Das Verhältnis von Ich und Welt findet nämlich erst im Zusammenklang von Mensch und Gott eine wirkliche Vollendung.

Wir leben heute unübersehbar in einer Krisenzeit, in einer Zeit des Übergangs und damit auch in einem Wechsel der persönlichen und gesellschaftlichen Anforderungen, wo dann ganz neue Paradigmen und Lebens-Einstellungen verlangt werden.

Alte Denkgewohnheiten, bestimmte materialistische Einstellungen und Mechanismen können nicht mehr in eine gesunde Zukunft führen. Dies ist gesellschaftlich gesehen heute nicht mehr weg zu leugnen, wenn man nur einmal die globalen Probleme durch Hunger und Armut, durch Flüchtlingsströme, durch das Artensterben und durch immer neue Krankheiten, sowie den nimmersatten Finanzwelt-Geschäften, sowie durch den Klimawandel und durch die Ressourcenverschwendung betrachtet. Um aber neue Einsichten und Wege für die Zukunft erlangen zu können, braucht es auch einen „neuen" Menschen, einen Menschen, der sich von innen her, in Freiheit und aus innerer Einsicht heraus, selber wandeln kann und will. Jedoch, vielfältige Hindernisse und Beschwerlichkeiten, allen voran die Bequemlichkeit und die Eitelkeiten, halten davon ab. Zu gerne möchte der „alte" Mensch so weiterleben wie bisher. Daraus würden aber immer mehr und immer stärkere Krankheiten, soziale Katastrophen und damit ein vielfältiges Unheil folgen müssen. Eine Wandlung tut daher Not.

Ohne eine Hilfe aus der geistigen Welt ist dieser innere Wandel oftmals gar nicht mehr zu schaffen. Neue Kräfte und Fähigkeiten braucht der Mensch. Diese sich anzueignen, dafür wollen die hier vorliegenden Gedanken eine Hilfe sein. Der innere Weg der Seele und der äußere Weg in der Welt sollen schließlich zusammenkommen.

Somit können auch beide Schriften: Ich und Welt, sowie: Mensch und Gott, als ein Ganzes betrachtet werden.

Eine Selbsterkenntnis und eine Welterkenntnis bedingen sich, sie finden ihre Einheit und ihren Zusammenklang in der Fähigkeit der Liebe, die alles miteinander verbinden kann: Mensch, Gott und Welt.

In diese Liebe und dann auch in das Licht der Weisheit dürfen wir immer mehr hineinwachsen. Dazu mögen die Gedanken dieser Schrift einige Anregungen liefern und eine Hilfe sein.

Die einzelnen Kapitel darin sind eher als meditative Betrachtungen gedacht, nicht so sehr als fachliche oder wissenschaftliche Abhandlungen. Daher ist es sinnvoll, sie auch in einer besinnlichen und meditativen Haltung zu lesen.

Dafür danke ich dem geneigten Leser im voraus.

Franz Weber

Freiburg, Michaeli 2010 und im Frühjahr 2020

Krisenzeit

Das Wort Krise kommt vom griechischen Wortstamm crisis und meint so viel wie Entscheidung, entscheidende Wendung, aber auch das Wort Gericht steckt darinnen.

Im biographischen Leben kennen wir alle irgendwelche Krisenzeiten, zum Beispiel durch Krankheiten, Unfälle und Schicksalsschläge, wo zumeist etwas Altes, wo bestimmte Lebens- und Verhaltensweisen nicht mehr so einfach weitergehen können, aber auch das „Neue" noch nicht richtig erschienen ist. Solche Zeiten sind biographische Verdichtungen, in denen sich das Leben selbst so stark komprimiert, dass wir wohl oder übel gezwungen sind, unser bisheriges Leben anzuschauen, es zu reflektieren und zu analysieren, um dann bewusster und aus eigener Kraft ganz neue Schritte zur Lösung der anstehenden Probleme und Aufgaben anstreben zu wollen. Ein „Weiter so" wäre daher die schlechteste Wahl und Möglichkeit.

Dabei kann meistens festgestellt werden, dass sich zu Beginn der Krise, wenn sie eigentlich noch am Leichtesten zu beheben wäre, sich oftmals alles gegen eine Veränderung sträubt. Man will einfach so weitermachen wie bisher. Werden die Probleme jedoch größer, bleibt irgendwann nichts mehr anderes übrig als zu kapitulieren, einzusehen und anzunehmen, dass es so ist, wie es eben ist und dass wir demütig und offen werden müssen für neue Ansätze und Hilfen, die es in jeder Situation immer auch noch gibt.

Diesen Freiraum, diese Offenheit herzustellen im eigenen Inneren und dabei hinhorchen zu lernen, was sich in diesem inneren „Herzensraum" aussprechen will, das ist nicht nur im einzelnen Leben anzustreben, sondern auch im Sozialen, im Zwischenmenschlichen, ja, bis ins Politische und Wirtschaftliche hinein, wo heute noch die allergrößten Probleme und Ungleichgewichte walten.

Wo geht der Weg weiter, wie haben wir unser Leben auszurichten, damit eine Gesundung und Heilung geschehen kann?

Es gilt also zunächst einmal, eine fragende Haltung einzunehmen, denn nur der Fragende und Suchende bekommt auch Antworten.

Hier nun will ich etwas näher auf die geistigen Ursachen der vergangenen Finanzkrise eingehen, denn nach den ersten Rettungsversuchen in den Jahren 2008 und 2009 ist diese Krise noch nicht wirklich bewältigt, denn man hat das alte System nur mit immensen Geldmitteln beziehungsweise mit neuen Schulden gestützt, aber leider nicht grundlegend geändert. Ein „Weiter so" wird eine noch schlimmere Krise heraufbeschwören, bis zu einem möglichen Zusammenbruch der Kapitalwirtschaft und des Bankensystems. Das ist eigentlich schon seit längerem abzusehen bei den immensen Schuldenbergen und Haushaltslöchern vieler Staaten und den Geldblasenbildungen der maßlosen Banken, Versicherungen, Finanzinstitute und Fonds-Gesellschaften.

Letztlich geht es in manchen Finanzkreisen gar nicht nur um das Geld, sondern vor allem auch um Macht. Davor knicken heute viele Politiker ein. Die Machtsucht zerstört aber den inneren Kern des Menschen, nämlich das freie Ich, das sich erst in geistigen und moralischen Werten und Tugenden wiederfindet.

Sicherlich gibt es auch äußere Gründe wie den Zinseszins, eine mangelnde Kontrolle des Bankenwesens, ein undurchschautes und intransparentes Geldschöpfungssystem der Banken, das auf Schulden basiert oder den Dollar als einzige internationale Leitwährung, zu große Handelsunterschiede zwischen den Volkswirtschaften, Rating Agenturen, die unkontrolliert Zertifikate ausstellen, also auch käuflich sind, ein ungerechtes Steuersystem und einiges mehr. Da sind natürlich äußere Hebel anzusetzen, zum Beispiel die Erhöhung des Eigenkapitals für Kreditinstitute und damit die Einführung eines sogenannten Vollgeldes, die Abschaffung des Zinseszins, Spekulations- und Kapitalertragssteuern und einiges mehr.

Doch hinter diesen Erscheinungen der heutigen Geldwirtschaft verbirgt sich letztlich eine kulturelle Krise, eine Wertekrise, denn viel zu viele Menschen, auch der Otto-Normalbürger, haben es lieber, dass Geld für sie arbeitet und nicht sie selbst für das Wohl des Ganzen. Es wird oftmals als ein Glück angesehen, so viel Geld zu haben, dass man nicht mehr selbst zu arbeiten braucht, jedoch müssen andere dafür umso mehr arbeiten und schuften.

Dies ist natürlich auch ein Resultat der entfremdeten Arbeit, die die arbeitsteilige Wirtschaft mit sich brachte. Dass der Mensch die Arbeit als einen wesenhaften Ausdruck seiner ganz individuellen Fähigkeiten betrachten kann, ist heute leider noch nicht die Regel. Dazu müssen zuvorderst neue Bewusstseinsbildungen beziehungsweise einige gedankliche Anstrengungen unternommen werden.

Die Arbeit ist zutiefst mit der menschlichen Würde und dem menschlichen Sein verbunden. Die Arbeit neu zu sehen und zu denken ist natürlich auch eine Arbeit, die zukünftig dringend geleistet werden muss.

Die Reichen leben im jetzigen System zwangsweise immer auf Kosten der Ärmeren, denn wo ein Übermaß an Geld vorhanden ist, das gewinnbringend angelegt wird, müssen woanders Schulden sein, damit Renditen für die Geldgeber erwirtschaftet werden können. Schulden bedeuten nun, dass durch die Zinssteigerung mehr zurückgegeben werden muss, als ursprünglich erhalten wurde. Unser kapitalistisches Geldsystem macht so die Reichen reicher und die Armen und irgendwann auch die sogenannte Mittelschicht immer ärmer. Das fällt zunächst nicht sofort auf, da Schulden oftmals auch vom Staat gemacht werden, doch der Staat, das sind wir ja alle. Und wenn in diesem Desaster unsere Politiker auch noch die Ärmeren stärker reglementieren und Sozialleistungen kürzen wollen, so müsste eigentlich die Grenze des Unzumutbaren erreicht sein.

Wollen wir eine Gesundung des sozialen Lebens herbeiführen und nicht auf eine gesellschaftliche Katastrophe zusteuern, muss dringend eine andere Politik für eine soziale Gerechtigkeit sorgen, aber auch die einzelnen Menschen müssen ihren Umgang mit dem Geld und mit ethischen Werten überdenken, denn ein Volk hat natürlich nur die Politiker, die es irgendwie auch „verdient".

So ist es unverzichtbar, in sich selbst eine „Reinigung" durchzuführen; alte Denk- und Verhaltensweisen müssen überwunden werden, damit eine Heilung geschehen kann.

In den Evangelien wird von der Reinigung des Tempels durch Christus Jesus gesprochen: „Ein Haus der Anbetung soll mein Haus sein. Ihr aber habt eine Räuberhöhle daraus gemacht"

(Matthäus 21, 12-14). Christus stieß bekanntlich die Händler und Geldwechsler aus dem Tempel hinaus.

Der Tempel Gottes ist aber auch der Leib und die Seele des Menschen. Der äußere Tempel ist nur ein Gleichnis, ein Symbol für den eigentlichen, den inneren Tempel des Menschen. Also entscheidet die seelisch-geistige Gesinnung des Menschen darüber, ob wir „Verkäufer und Wechsler" sind oder ob wir einen Raum der Anbetung in uns erschaffen.

Die Gesinnung der Kaufleute und Krämerseelen beherrscht heute mehrheitlich die Welt. Das Reich Gottes ist dadurch fern. Selbst die Politik und Teile der Kultur lassen sich vom Geist des Mammon beherrschen.

Der christliche Geist im Menschen will die „Händlergesinnung" überwinden. Wir müssen nicht aus allem ein Geschäft machen wollen. Es geht viel eher um eine geschwisterliche Bedürfnisbefriedigung mit allem – mit Mensch, Erde und Natur.

Eigentlich sollte der Staat die Vergehen aus der Wirtschaft und der Finanzwelt ausgleichen und ordnen. Das kann dieser aber nicht, denn Verstaatlichungen oder Verlustübernahmen sind extreme Maßnahmen, die krankmachend wirken müssen. Die Aufgabe des Staates ist es nämlich nicht, wirtschaftlich tätig zu sein. Nur die Rahmenbedingungen für die Wirtschaft sind zu erlassen, um ungesunde Auswüchse zu vermeiden, denn ein unkontrollierter freier Markt führt zu einer sozialen Ungerechtigkeit und zu einer Ausbeutung der Naturgrundlagen, für die wir alle verantwortlich sind. Die Profite aus den Ausbeutungen unserer Erde kassieren meistens sowieso nur ein paar Aktionäre und Spekulanten. Da geht es folglich um eine notwendige Begrenzung und um eine gerechte Verteilung. Ansonsten sollte das Wirtschaftsleben aber nicht von „Außen", durch unnötige Bürokratien, Subventionen und staatlichen Vorgaben, wie Wachstumszielen und Beschleunigungen, beeinflusst werden.

Eine Neuausrichtung der Gesellschaftsstrukturen ist daher konsequenterweise angesagt. Das Finanz- und Bankenwesen soll dabei weder zur Wirtschaft, noch zum Staat zugeordnet werden. Überlässt man das Geldwesen den Kräften des Marktes, so geht es natürlicherweise in Privatisierung, Spekulation und Hortung über. Soll der Staat das Geldwesen vereinnahmen, also verstaatlichen, geht es meistens in eine Ineffizienz, in Korruption oder in einen Machtmissbrauch über. Daher soll das Geldwesen in einen eigenen Bereich innerhalb eines sozialen Organismus, also innerhalb einer Gesellschaft überführt werden, das jedoch keinem privatem Wollen und Nutzen unterliegen darf, sondern viel eher dem Wohl des Ganzen, der Gemeinschaft, also einer Gemeinnützigkeit dienen sollte.

Der eigentliche Bereich der Wirtschaft, wo produziert wird und Dienstleistungen geschehen, soll ja allen Menschen zugute kommen, in dem deren täglichen Bedürfnisse befriedigt werden. Das Finanzwesen soll dabei der Gesamtheit der Gesellschaft dienlich sein; der Wirtschaft durch Vergabe von günstigen Krediten und dem Kultur- und Bildungsleben durch Schenkungen. Banken dürfen also selbst keine Wirtschaftskonzerne sein, viel eher ist ihre Aufgabe die Vermittlung von Geld und das Lenken der Geldströme; also haben sie eine soziale Aufgabe im Dienste der ganzen Gesellschaft. Sie sollten daher gemeinnützig organisiert werden, nicht privatisiert oder verstaatlicht. Dabei sollte eine unternehmerische Eigenverantwortung in einem gemeinnützigen Rahmen mit den Erfordernissen der Gesellschaft zusammenkommen.

Übermäßige Profite und Gewinne müssen abgeschöpft werden, sie sollen dem Wohl des Ganzen zugute kommen. Die Diktatur der Großfinanz und der Weltkonzerne muss gebrochen werden. Eine Kapitalvermehrung durch Scheingeschäfte, Spekulationen, Wetten, Derivate, Hedge-Fonds und Währungsgeschäften sollte verboten werden.

Der Staat beziehungsweise die Staatenbünde müssen dafür rechtliche Rahmenbedingungen schaffen und dies heute auf globaler Ebene. Die Politik soll sich auf ihre eigentliche Aufgabe beschränken, nämlich den Schutz des Bürgers zu gewährleisten und nicht nur hauptsächlich die Interessen der Reichen und Mächtigen zu verteidigen. Wir brauchen keinen Einheitsstaat, der Wirtschaft, Recht und Bildung lenkt. Sogar die Gesundheit, für die jeder Einzelne eigentlich selbst verantwortlich ist, soll manchen Politikern zufolge den staatlichen Interessen unterliegen, was zum Beispiel Impfungen und die Auswahl bestimmter Therapiemethoden betrifft. Von einem mündigen Bürger und Patienten hört man in neuerer Zeit leider immer weniger. Einen vormundschaftlichen Staat wie zu DDR-Zeiten oder in kommunistischen und totalitären Systemen wollen wir doch sicher nicht. Oder manche vielleicht doch?

Gerne beruft man sich dabei auf eine Wissenschaft, die leider nur die physikalischen, chemischen und biologischen Gesetze kennt, das Lebendige, die Gesetze des Lebens, der Seele und des Geistes, sie werden ausgeklammert oder gar bekämpft. Dahinter stehen gewisse Machtansprüche, ähnlich wie in mittelalterlichen Zeiten, nur fühlt man sich heute viel gescheiter und überlegen, hat aber vom Leben selbst wenig Ahnung, sonst würde ja das Lebendige nicht überall geknechtet, ausgebeutet und zerstört werden. Das ist ja auch eine Folge unseres einseitigen wissenschaftlichen und materialistischen Denkens.

Den staatlichen Organen entspricht eigentlich nur die Rechtssphäre, die Ordnungszusammenhänge und Rahmenbedingungen schaffen sollte für eine freiheitliche und sich selbst verwaltende Kultur beziehungsweise für entsprechende Bildungseinrichtungen, sowie für eine geschwisterlich-solidarische und nachhaltig arbeitende Wirtschaft und ein Bankenwesen, das für eine unabhängige und gemeinnützige Mittler- und Verteilerfunktion der Geldströme einer Gesellschaft sorgen kann und damit für eine soziale Gerechtigkeit und einen gewissen Wohlstand für alle.

Gerechtigkeit entsteht ja, wenn in allen Bereichen des Lebens, in den gesellschaftlichen wie auch in den persönlichen, ein gesunder Ausgleich von Geben und Nehmen stattfinden kann. Wir haben alle viel genommen, von den Eltern, von der Gesellschaft, von der Erde, von der Sonne und, und, und... So dürfen wir auch wieder zurückgeben, sonst häufen wir immer mehr „Schulden" an, die irgendwann einmal zurückgezahlt werden müssen. Dieses Geben beziehungsweise Zurückgeben braucht aber nicht nur in einem materiellen Sinne geschehen. Durch Achtung, Wertschätzung, Anteilnahme und Liebe können wir immer etwas geben, schenken, aber natürlich kann auch das Geld, wenn man es zum Wohle des Ganzen einsetzt und dahin leitet, wo Not und ein Bedarf ist, zur Gesundung der Welt und damit zu einem Heil gereichen. Da kann jeder Einzelne schon viel für sich und die Welt bewirken. Um jedoch eine soziale Gerechtigkeit innerhalb einer Gesellschaft erreichen zu können, müssen dafür die richtigen Rahmenbedingungen geschaffen werden.

Dazu muss das Geldwesen radikal geändert werden: Keine Privatisierung der Gewinne aus Geldgeschäften. Das Geld darf nicht mehr wert sein als die Leistung beziehungsweise die Ware, die erzeugt wurde. Statt Zins und Zinseszins müsste eine Art negativer Zins, eine Alterung des Geldes eingeführt werden, damit es sich nicht hortet, sondern in den Umlauf kommt. Das Geldwesen sollte also so geregelt sein, dass es nicht die Gier nach noch immer mehr fördert, sondern so, dass es dem Bedarf an materiellen Gütern und den sozialen Dienstleistungen der Menschen zuträglich und dienlich sein kann.

Zudem erfordert eine Erneuerung der gesellschaftlichen Strukturen in diesem Zusammenhang einen anderen Umgang mit dem Grund und Boden. Die Erde „gehört" uns allen, das Erd-Öl zum Beispiel nicht nur einigen Konzernen oder Scheichs, die sich bereichern und dies zumeist noch auf Kosten der Umwelt. Unsere Klima- und Umweltprobleme wären bald überwunden, wenn wir ein sozialverträgliches Geld- und Wirtschaftssystem erschaffen könnten. Auch die Vereinnahmung der Produktionsstätten und Wirtschaftsorganisationen durch Aktionäre ist ein Unding. Man kann Waren kaufen, aber doch nicht Fabriken, wo die Waren hergestellt werden; die wurden doch von einer Vielzahl von Mitarbeitern erschaffen. So wie Wirtschaft heute durch die Dogmen: Konkurrenz und Wettbewerb geschieht, dass man alles kaufen und verkaufen kann, entstehen leider nur noch soziale Krankheiten.

Unsere Eigentumsverhältnisse sollten daher neu geregelt werden. Wem gehört der Boden, wem gehört die Natur, wie viel privates Eigentum ist sinnvoll und wie viel gehört uns allen?

Eine Privatisierung von „allem", von Häusern, Grund und Boden, von Fabriken, Häfen, Rohstoffen, von Wasser, Energie und vielleicht bald auch von Lebensmitteln durch Patente und ähnlichem, stärkt die Gier Einzelner nach noch immer mehr, aber keine soziale Gerechtigkeit. Ohne eine Drei- oder Vier-Gliederung des Staatsgebildes beziehungsweise einer Gesellschaft kann es keine echte Heilung der sozialen, ökologischen und wirtschaftlichen Missstände geben. Der sich selbst bestimmen wollende, mündige Mensch braucht neue Gesellschaftsstrukturen. Eine Regierung, sei sie national oder europäisch, die alles nach eigenem Gutdünken gestalten will, entspricht nicht mehr den seelisch-geistigen Anforderungen unserer Zeit.

Das Kultur- und Geistesleben soll in einem gesunden Staatengebilde, soll in einem gesunden sozialen Organismus die individuelle Freiheit des Einzelnen und dessen Fähigkeiten ausbilden und fördern; das Staats- und Rechtsleben darf darin durch rechtliche Vereinbarungen die Gleichheit der einzelnen Bürger vor dem Gesetz erschaffen und garantieren; die Wirtschaft soll darin in einem „brüderlichen" Umgang für die Bedürfnisse von Mensch und Erde sorgen und schließlich darf durch das Geld- und Bankenwesen eine soziale Gerechtigkeit erstehen, denn durch dieses vierte Glied, das aber nicht für sich selbst da sein soll, werden die drei hauptsächlichen Bereiche eines sozialen Organismus, die Kultur, der Staat und die Wirtschaft, mit „frischem Blut", mit Geld versorgt, damit diese ihre Aufgaben erfüllen können.

Heute häuft sich das Geld, die „Energie" dort, wo eh schon zu viel ist. Das führt in eine Krankheit, ein soziales „Krebsgeschwür" entsteht. Wie im Leib das Blut „Kopf, Herz und Hand" verbinden und ernähren soll, so das Geld den lebendigen Organismus einer Gesellschaft. Somit zeigt der Leib als Tempel des menschlichen Geistes in einer gesunden Weise und Analogie, wie sich ein sozialer Organismus ausgestalten muss, damit Gesundheit und Gerechtigkeit für das Ganze, für alle sich ergeben kann. In diesem Sinne haben Krisenzeiten ihre Berechtigung und ihr Gutes, denn wir lernen daraus. Je eher wir einen gesunden Weg einschlagen, umso schneller kann eine Genesung eintreten. Schieben wir dagegen die Aufgaben und Erneuerungen hinaus, wird die Krankheit immer ernster und heftiger werden. Das sollten wir doch bedenken.

Wege zum Geist

Seit je her gab es in der Menschheitsgeschichte Schulen und Mysterienstätten mit den unterschiedlichsten spirituellen Übungen und Methoden, um in einen Kontakt treten zu können mit den Welten, die unser sinnliches Dasein erweitern und ergänzen.

Verschiedene Kulturen hatten dementsprechend auch verschiedene Wege und Disziplinen; je nach Zeit, Ort und leiblich-seelischer Disposition und Konstitution waren diese den jeweiligen Menschen angepasst. Mit Mantren, Atemtechniken, Gesängen, Körperstellungen, Mutproben, Fastenzeiten und den verschiedensten asketischen Exerzitien oder manchmal auch mit psychoaktiven Pflanzen und anderem, versuchte man, innere Anlagen und Kräfte so zu erwecken, dass damit höhere Welten angesprochen und wahrgenommen werden konnten. Dafür gab es immer auch bestimmte Schulungen, Zeremonien und Einweihungsrituale, meistens unter der Obhut geistiger Lehrer und Schamanen, die dem Schüler nach strengen Prüfungen und dem Ausbilden bestimmter Seelenfähigkeiten gewisse Einblicke in astrale und geistige Welten erlaubten. Dabei wurde die Seele in diese Welten entrückt, zum Beispiel in einem dreitägigen Tempelschlaf, um dort mit kosmischen Weisheitskräften imprägniert zu werden.

Heute sind die Menschen in ihrer individuellen Entwicklung so weit fortgeschritten, dass eine Entrückung der Seele beziehungsweise ein unterwürfiges Lehrer – Schüler Verhältnis nicht mehr so einfach möglich ist, da in unserer Zeit alles auf einer individuellen Freiheit gründen muss.

Der Mensch, der heute einen geistigen Schulungsweg betreten will, hat daher die Seele so umzubilden, damit diese zu einem Organ des Geistes werden kann. Nicht die Seele soll mehr aus dem Leibe herausgehoben werden, um vom göttlichen Geist imprägniert werden zu können, sondern der Geist soll in der Seele und im Ich des Menschen einen Raum finden, damit er darin einwohnen kann.

An der Schnittstelle, wo sich der freie Wille des Menschen dem Geistigen in sich nähert, berühren sich natürlicherweise die „alten

65

Wege", die ihre archetypischen Kräfte beziehungsweise ihre Grundmuster auch noch dem heutigen Menschen zuteilen können, doch das Neue, der „neue Weg" muss vom Menschen selbst errungen werden. Dies zeigt sich vor allem in der Ausbildung der Chakren.

Mit Mantren, Körperstellungen, Atemübungen, Farben und Symbolen kann man die Chakren-Energien stimulieren, doch nur die eine Hälfte; also zum Beispiel bei der zwölfblättrigen Lotusblume des Herzens nur die sechs Blätter, die in früheren Zeiten, menschheitsgeschichtlich gesehen, entfaltet wurden. Zum vollen Erwachen müssen die anderen sechs Blütenblätter selbsttätig und ichhaft in der Seele erkraftet werden und zwar nicht mehr durch äußere Mittel wie Körper- und Atemübungen oder irgendwelchen Kasteiungen und Askesen, sondern durch seelische Fähigkeiten und moralische Tugenden, die uns zum Beispiel von Rudolf Steiner in den sogenannten sechs Nebenübungen für das Herz-Chakra oder dem achtgliedrigen Pfad des Buddha für das Hals-Chakra gegeben sind.

Überhaupt muss hier betont werden, dass der westliche Weg zunächst bei den oberen Chakren beginnt, also im wachen Denken und Ich-Bewusstsein und erst nach und nach in tiefere Bereiche des Unterbewussten, eben in die unteren Chakren eindringen will, da sonst die Gefahren und Versuchungen für den heutigen Menschen zu groß sind. In weltabgewandten Ashrams oder Klöstern konnte noch eher, meist unter der Führung eines erleuchteten Gurus mit der unteren Kundalini- oder Lebenskraft gearbeitet werden; heute ist es vor allem das Denken, das vernunftbegabte Wesen des Menschen, mit dem wir in Freiheit und Wachheit unseren Weg beschreiten sollen.

Dazu gibt es auch heute noch bestimmte Grundmuster, nach denen wir uns ausrichten dürfen und die dem Einzelnen helfen, eine wache Klarheit zu gewinnen und die ihm Kräfte zur Verfügung stellen, damit er seinen inneren Weg erfolgreich und sicher beschreiten kann.

Hier nun will ich drei Tore beziehungsweise drei Ebenen oder Wege zum Geist erwähnen, die erst zusammen eine Ganzheit bilden, in ihrer Dreiheit aber von jedem Geistesschüler bewusstseinsmäßig nachvollzogen werden können, um sich letztlich ein eigenes Urteil für die weiteren Schritte zu bilden, nämlich: wo beginne ich, wo stehe ich und wo setze ich an.

Da ist als erstes das <u>Tor der Sterne</u> zu erwähnen. Das Stirn-Chakra beziehungsweise die Haupteskräfte im Menschen werden durch ein waches und lebendiges Denken geschult. Dabei muss das mondenhaft-reflektierende, logisch-kombinierende und abstrakt-intellektuelle Denken erweitert werden, zum Beispiel durch phänomenologische Betrachtungen in der Natur oder durch ein sinnlichkeitsfreies Denken in Begriffen, die keine sinnlichen beziehungsweise vorstellungshaften Merkmale mehr besitzen.

Die Meditation erlaubt diesen Freiraum im Denken. Ich werde darin zum Bestimmer und Gestalter meines Denkens und meiner Gedanken. Freiheit des Denkens bedeutet eine Freiheit des Geistes. „Ich denke, also bin ich". Dieser Ausspruch Descartes ist ein Meilenstein, hin zu einem ichbewussten, freien und mündigen Menschen, auf den wir gründen und aufbauen sollen. Dieser Ausspruch kann sich festigen, aber auch erweitern in dem Satz: „Ich bin der Denker, der denkt".

Wollen wir durch das Tor der Sterne in die Geisterreiche gelangen, in denen die himmlischen Hierarchien leben und wo die moralische Akasha-Chronik, also auch die Weltenziele beheimatet sind, so muss das „ich denke" und das „ich will denken" zu einem Weltendenken erweitert werden. „Es denkt in mir – das Weltendenken denkt in mir".

Dies ist aber nicht ohne eine Devotion und Hingabe an die geistige Welt möglich. Die Prinzipien und Gesetze des Sternenhaften können geistig empfangen werden, wenn wir uns dafür öffnen. Das Scheitelchakra öffnet sich in der Hingabe an die himmlischen Kräfte. Das Symbol der blauen Blume der Romantiker symbolisiert die Sehnsucht und den Schlüssel in die Sphären der weiten Sternenreiche, in die wir durch das Tor der Sterne mit einem erweiterten Denken eintreten dürfen. Einige Hilfsmittel stehen uns dafür zur Verfügung. Wie weit wir uns darauf einlassen wollen, ist natürlich eine Frage der individuellen Einsicht und Freiheit.

Das Dreieckssymbol mit der Spitze nach oben weist hin zum göttlichen Licht. Die Rune Ar ᛉ entspricht in der Sphinx, also im Viergetier dem Adler. Diese Rune war bei den germanischen Völkern ein Symbol und ein Zeichen für denjenigen Kraftbereich, womit Sternenkräfte angezogen werden konnten. Runen wirken wie Antennen und Sender für ätherische und seelisch-geistige Kräfte. So natürlich auch Mantren und Wahrspruchworte.

Jeder muss dabei individuell entscheiden, ob er sich mehr zum Wort, zum Bild oder zum reinen Sein hingezogen fühlt.

Die geistige Freiheit in einer ichhaften beziehungsweise in einer ichbewussten Meditation kann und muss immer wieder neu errungen und dann auch bewahrt werden. Entscheide ich mich in diesem Freiraum für das Tor des Geistes, so wird das Denken darin immer mehr zu einem „tastenden" Organ herangebildet. Begriffe und Symbole wandeln sich mit der Zeit in ein Wesenhaftes um, das heißt, ihr inneres Wesen beginnt sich darin auszusprechen. Die Welt, das objektive Sein denkt in mir – nicht mehr nur in Worten und Sätzen, sondern in Bildern, in Imaginationen, in „Ideenblitzen" und Einfällen, also auch in Inspirationen und Wahrnehmungen, die uns mit dem Wesen der Dinge und mit den Kräften des Innenraums verbinden. Das Denken wird lichthafter. „Göttliches Licht erstrahlt in mir", eine imaginative Erkenntnis ersteht.

Damit geschieht aber auch eine allmähliche Verwandlung des Astralleibes zum Geistselbst, zum höheren Wesen des Menschen hin. Seelenaugen bilden sich, die oberen Chakren erblühen.

Das lebendige Denken ist kraftvoll, konzentriert und phänomenologisch betrachtend, das heißt gestaltwahrnehmend und beschreibend. Es wird mit weiteren Übungen allmählich sinnlichkeitsfrei, folglich nicht mehr nur an äußeren Erscheinungen und Vorstellungen orientiert sein, denn es wächst in die Reiche des Lebendigen, des Ätherischen und des Durchseelten hinein, bis es die Prinzipien und Ideen erkennt, die allem Sein zugrunde liegen und die letztlich wiederum von Wesen ausgehen, die selbst schöpferische und gestaltende, also wirkende Gedankenkräfte aussenden, mit denen sie die Welt erschaffen und bewahren.

Das Weltendenken weitet sich in das Kosmische hinein. Da urständen die Kräfte zur Belebung der Welt. Des Menschen Denken vermag es, diese Reiche wahrzunehmen, nämlich in einem reinen Denken, wenn sich dieses vom Kosmos inspirieren lässt. Dadurch wird es selbst schöpferisch. Ich schaffe, gestalte und bin Schöpfer durch mein Denken – selbstbestimmt, mündig und frei. Somit habe ich die Möglichkeit, mich in Freiheit den Weltgedanken und den Weltenzielen hinzugeben und diese in mein Leben einzugliedern. Diese Ziele erlauben dem Menschen eine seelische Freiheit, denn Weltenziele wollen keine Zwänge, auch kein Leid, denn sie streben an die Freude, die Schönheit, die Liebe und das Glück.

Unsere irdisch-leibliche Freiheit beruht vor allem auf der freien Bewegungsmöglichkeit, auf Gesundheit und auf einen gerechten Wohlstand. Die seelische Freiheit will keine Zwänge, Ängste, Zweifel und Abhängigkeiten erfahren müssen. Doch diese Freiheit gibt es nur über die geistige Freiheit, in dem wir „Herr" werden im eigenen Seelenhaus, das heißt, in dem wir zum Schöpfer und Gestalter unseres Seelenlebens, also unseres Denkens, Fühlens und Wollens und somit unseres zukünftigen Schicksals werden. Mit diesen Gedanken und in dieser Haltung können wir durch ein nächstes Tor schreiten.

Das Tor der Sonne ist im Brustraum, im Herz-Chakra zu finden. Hier ist der Bereich der seelischen Akasha, also die Sphäre, wo das Gute, wo Ziele und Ideale beziehungsweise wo das Weiterführende für den Menschen zu finden ist. Dabei geht es hauptsächlich um ein Verwandeln und Veredeln des Gefühlslebens.

Von persönlichen, subjektiven Emotionen und Gefühlen dürfen wir uns lösen. Ich bestimme selbst, welche Gefühle ich in mir tragen will. Mitgefühl, ein Verzeihen und Vergeben, wie überhaupt die Liebe zu allem Lebendigen, erweitern die Gefühlsebene in die Welt hinein.

Das Fühlen soll unbefangen, positiv, gleichmütig, sanftmütig, mitfühlend und liebend werden, dann werden Gefühle zu Toren in die elementarische Welt hinein. Wir erspüren die Äthersphäre der Erde, wenn wir uns im Herzraum dafür öffnen. Hingabe, Achtsamkeit, Stille – Lauschen und Empfangen, bis die Welt in mir zu fühlen beginnt. „Die Welten-Seele fühlt in mir".

Langsam beginnt diese Welt in mir zu tönen. „Die Sonne tönt nach alter Weise ...“

Im Menschen spricht sich dann der Umraum, die Naturwesen und die elementarischen Kräfte der Welt aus. Die Seele wird vom Umkreis inspiriert, wenn sie selbst sonnenhaft wird.

Der Löwe symbolisiert in der Sphinx diesen mittleren Bereich. Mit einem „Löwenherzen“, durch die Kräfte der liebenden Sonne in uns gewinnen wir den Umraum.

Die Rune Man ᛉ erweckt diese Kräfte in uns, wenn das Herz zur Schale wird, zum Raum, in den sich der Umkreis einsprechen und einleben kann.

Das Rosenkreuz beziehungsweise das rosenfarbene Blut, sie zeugen davon, dass das alte, das egozentrische Fühlen und Wollen überwunden werden kann. Die göttliche Liebe ist die Kraft, die darin Wohnung nimmt und die Seele zur inspirativen Erkenntnis führen kann. Der Sechs-Stern beziehungsweise der David-Stern ist das Symbol, ist der Schlüssel zum Feuerhimmel Gottes, zum Ursprung allen Seins. Diese Himmelskraft kann im Menschenherzen zum Durchbruch gereichen, wenn oben und unten, wenn Himmel und Erde, wie im Symbol des Sechs-Sterns harmonisch zusammenkommen.

Schließlich das Tor des Mondes. Es befindet sich im Bauchraum und verweist auf die Verwandlung des menschlichen Willens. Vom egozentrischen Eigenwillen führt der Weg über eine Läuterung und Selbstdisziplin, durch ein Verzicht üben, durch eine Verlässlichkeit und Verantwortlichkeit hin zu einer allmählichen Opferbereitschaft, um sich dem Weltenwillen hingeben zu können. Dies erfolgt praktisch gesehen im Annehmen des eigenen Schicksals und dem sich Ergeben und Aussöhnen damit.

Verzichten auf das, was uns unfrei hält und in Liebe und Wahrhaftigkeit das Gute wollen, das macht frei!

Wir dürfen alles, auch das Schlechte, Schwierige und Abgründige annehmen und es segnen lernen und wir dürfen uns dem göttlichen Willen unterstellen. Dieser lautet bekanntlich ja: „Liebet einander, so wie ich euch geliebt habe“.

Mit dieser Liebe können wir eintauchen in die unteren Bereiche unseres Seelenseins. Die untere Akasha enthält alle Taten und Untaten unserer Vergangenheit. Wir treten ein in die innere Erde, zu den unteren Göttern und chtonischen Gewalten. Hier wirken die Nornen, die Schicksalsgestalterinnen, die unsere Lebenskraft und Energie beeinflussen können. Wir sind hier also gezwungen, unsere Astralwelt zu durchforsten, sie zu erkennen, sie zu opfern und zu wandeln und damit eben auch die schicksalsbildenden Kräfte aus den unteren Seelenwelten.

Eine Opferbereitschaft und Selbstlosigkeit bewirkt allmählich eine Karma- beziehungsweise eine Schicksalsschau. Das alte Karma darf dem höheren Willen geopfert werden. Ich mache mich dadurch zu einem Werkzeug des Weltenwillens.

„Der Weltenwille will in mir. Der höhere Wille wirkt in mir, er wirkt mich".

Hier in diesen Bereichen können wir auch unserem geistigen Führer begegnen. Er darf uns auf diesem Weg begleiten und leiten. Wir werden eins mit seinen Impulsen – die intuitive, das heißt, die zusammenklingende Erkenntnis vermag dies in mir.

Die Rune Laf ᛚ beschreibt und findet die Urquelle des Lebens, aus deren Sein der Weltenwille strömt. Laf kann sich erweitern zur Gemeinschaftsrune Ehwaz ᛗ. Wir bilden eine Einheit mit Allem. Daraus erwächst eine neue Stärke und Kraft. „Ich bin eins mit allem". Eine Wesensverbindung geschieht – das ist die Intuition.

In Märchen wird öfters von einer Spindel oder Spule gesprochen, die die Schicksalsfäden sammelt. Hier wurzelt die vitale Kraft, aber auch eine Gefahr. Diese Schicksals-Spule ist energetisch im Bauchraum zu finden. Der Kristall als ein Symbol bringt Klarheit in diese Bereiche des inneren Seelen- und Erdenseins hinein, während in den Märchen eine rote Blume diese Ebenen aufschließen hilft.

Der Stier im Viergetier verweist auf die Kräfte, die in diesen Reichen herrschen. Sie können gefährlich, leidenschaftlich und abgründig sein oder im Ochsen und in der Kuh verinnerlichend, bewahrend und ausdauernd wirken. Hier darf sich allmählich eine Güte ausbilden – also geht der untere Weg von einer vitalen und leidenschaftlichen Kraft allmählich und mit fortdauernder Entwicklung zu einer Barmherzigkeit, zur Liebe und zur Güte hin.

Wir benötigen schließlich alle drei Bereiche im Seelensein. Das Unten, das uns trägt und erhält, die Mitte, die uns weitet in den Umkreis hinein und das Oben, das uns erleuchtet.

Adler, Löwe und Stier – das Zusammenfassende ist der Mensch, der zum „Engel" wird, wenn er durch sein Menschsein, durch sein Ich alle Reiche des Oben, der Mitte und des Unten in sich integriert, wenn er also sein Ich-Bewusstsein überall mitnehmen und damit mitgestalten kann.

Die Rune Eh ᛖ ist die Verbindungsrune, die vom Ich ausgehen muss, um den unteren, den mittleren und den höheren Menschen in sich finden und diese miteinander vereinen zu können.

Im Denken werde ich mir meiner selbst bewusst. Im Fühlen entwickle ich ein Selbstgefühl und im Willen lebe und will ich das Ich, ich will und bejahe mich selbst. Aus diesem Ich-Motiv heraus kann ich mich bewusst und in Freiheit erweitern: hin zu den Reichen über mir, um mich herum und unter mir.

Eine geistige Freiheit und daraus sich bildend die menschliche Freiheit im irdischen Sein, ersteht natürlich erst, wenn wir die geistigen Gesetze erkennen und nach diesen leben lernen. Dadurch hat der Mensch ungeahnte Möglichkeiten, die ihn weit übertreffen an dem, was er jetzt noch ist.

Der Makrokosmos hat im Menschen seine Anlagen hineingelegt, bis in das Seelische und Leibliche der Organe hinein. So hat der Mensch auch wieder die Möglichkeit, sich erneut mit dem Makrokosmos zu verbinden. Dies ist letztlich eine Frage der Resonanz. Und diese erlangen wir erst im Dialog, im Austausch, also im Gespräch mit den Wesen und Kräften des kosmischen Alls. Allmählich geschieht dadurch eine innere Harmonisierung, denn die guten Kräfte ziehen in den Menschen ein: die Großherzigkeit, die Hingabe, die Nachsicht und die Liebe.

Erhabene Gedanken, edle Gefühle und ein uneigennütziges Wollen heilen am besten unsere gesundheitlichen und seelischen Disharmonien, in uns selbst und im Kontakt mit der Welt.

Der Himmel verlässt uns nie – nur wir sind es, die sich oftmals dem Himmel verschließen, in dem wir uns selbst auf einen „Thron" setzen und meinen, wir könnten in persönlicher Willkür nach unserem „bescheidenen Wissen" alles so einrichten, wie es uns beliebt.

Alles was wir denken, fühlen und tun hat seine Auswirkungen, die irgendwann auf uns zurückkommen. So korrigieren die Gesetze des Kosmos und der Welt unsere Einseitigkeiten, bis wir gewillt sind, uns wieder mit den makrokosmischen, mit den geistigen Gesetzen zu versöhnen. Dadurch erst erkennen wir unsere Mängel und Schwächen. Dies wird aber nicht immer nur einfach sein. Das Leben, es wird erst wieder gut, wenn wir unsere Fehler einsehen, abstellen und sie durch das Gute ersetzen. Dann ersteht Harmonie, Gesundheit und Friede.

Vom inneren Zentrum zum weiten Umkreis führt also der Weg des Ich. Zunächst hinein in den Raum der großen Stille – in der Sammlung, in der Konzentration auf das große, auf das makrokosmische „Ich bin", sich hinaustastend in die Räume des Weltendenkens, zu den geistigen Gesetzen des Alls, sich einlebend in die Weiten des Weltenfühlens, zu einer allumfassenden, göttlichen Liebe hin und schließlich im Zusammenklingen mit dem Weltenwillen in der unendlichen Güte Gottes, die alles durchwirkt, das ist der spirituelle Weg des Ich.

Bis auch diese Räume vergehen und sich in der Seele ein Raum der Gnade bildet, bis der Gnadenstrom, der Strom des Heils die Seele durchdringt und Mensch und Schöpfer in diesem Raum eine „Hochzeit" halten. Dann sind die menschliche Seele und der Schöpfergeist durch das menschliche Ich, durch den freien Willen in diesem Geistes-Seelen-Leibes-Raum zu einer Neugeburt gelangt. Ein neues Wesen, ein neuer Mensch ist erstanden in der Einheit von Gott, Welt und Mensch. Dies ist Ziel und Weg zugleich.

Der neue Mensch und die neue Schöpfung, sie haben die alte Welt angenommen und in sich integriert, durch den freien und mündigen Menschen, durch sein bewusstes Ich, das sich im Einklang mit den kosmischen Wesen und Kräften erweitert und erhöht – dies ist Schöpfungsauftrag und auch Schöpferwille.

Die Entwicklung der Liebe –
von der Seele zum Geist

Viele Romane, Filme und zwischenmenschliche Bedürfnisse handeln und drehen sich immer wieder um die Liebe. Da wird oftmals ein schöner beziehungsweise ein romantischer Schein geschaffen, doch die Alltagsrealitäten sehen zumeist etwas anders aus.

In den zwischenmenschlichen Beziehungen kehren nach anfänglichen Glücksgefühlen oftmals recht bald gewisse Ernüchterungen ein, wenn nach und nach die Kanten und Macken der „lieben" Mitmenschen sichtbar werden. So wird es zukünftig wohl nötig sein, von einer sympathiegetragenen und natürlichen Liebefähigkeit, die seelischer Natur ist, zu einer Liebe heranzureifen, die gewollt ist, die also einem ichhaften Motiv entspringt und die vor allem geübt, das heißt, errungen werden muss.

Eine ichhaft gewollte und getragene Liebe ist kein Geschenk, wie das Verliebtsein, sondern viel eher eine harte Arbeit. Die Arbeit in und an der eigenen Seele, die im Lebensalltag ganz besonders in der Begegnung und in den Konflikten des Menschen mit und an der Mitwelt geleistet und entwickelt werden kann, hat zunächst zwei Richtungen.

Die Arbeit in der Welt, also das Berufsleben, ist heute vor allem durch eine Erwerbsarbeit geprägt. Hier arbeitet man hauptsächlich für den Lebensunterhalt, sprich für das Geld. Zumeist ist dies kein Liebesdienst, so dass im Arbeitsleben noch ein riesiges Potential enthalten ist, um die Arbeit mit und durch Empathie und Liebe so erweitern zu können, dass sie immer mehr zu einem Ausdruck der individuellen Fähigkeiten und inneren Neigungen des Einzelnen werden kann. Von der Sklavenarbeit über die Fronarbeit, über die Lohn- und neuerdings über die Leiharbeit kann es weitergehen zu einer ehrenamtlichen Arbeit, die sinnstiftend wirkt, sowie zur Arbeit als eine Berufung und Mission.

Eine Wandlung von der Erwerbsarbeit für einen Lohn zu einer Arbeit, die man aus Liebe tut, weil man darin einen Sinn und eine Herausforderung sieht, wäre in unserer Zeit vermehrt anzustreben.

Dazu müsste allerdings die Arbeitsleistung vom Lohn entkoppelt werden, denn wir leisten die anstehenden Arbeiten viel besser und zufriedenstellender aus einer Einsicht heraus und einem Dienst für das Ganze, nicht mehr nur um des Geldes wegen. Wir vollbringen in der Arbeit also eine Liebestat, die uns selbst und die Welt weiterbringen kann. Der Einzelne arbeitet folglich für das Wohl der Gemeinschaft; die Gemeinschaft hingegen sorgt daraufhin für den materiellen Bedarf ihrer Mitglieder. Einen Bedarf an Geld und Gütern hat ja ein jeder. Jemand, der Kinder großzieht oder alte Menschen mitversorgt natürlich noch mehr als ein Einzelner, der nur für sich zu sorgen braucht. Eine bedarfsgerechte Verteilung der erwirtschafteten Leistung bedingt also selbst einen sozialen Prozess innerhalb einer Wirtschaftsvereinigung, die alle Teilnehmenden in einem menschlichen Sinne weiter bringen wird. Dadurch kann die Liebe in das gesellschaftliche Leben einziehen. Im heutigen Wirtschaftsgebaren wird dagegen vermehrt ein Egoismus geschürt.

Ehrenämter gehen sicherlich in die Richtung eines sozialen Engagements; nur müsste auf diesem Wege alle Arbeit, auch die Lohnarbeit zu einer „Ehre" gereichen können und nicht in ermüdender Routine, in Ausbeutung und Lohndumping enden, denn da würde nicht die Liebe siegen, sondern die Habgier, der Eigennutz und die Missachtung des Menschlichen.

Ich habe in früheren Schriften das Arbeitsthema schon mehrmals angerissen, so dass ich es hier nicht weiter verfolgen will, obwohl dazu natürlich noch einiges zu sagen wäre. Nur auf die Arbeit mit dem Mitmenschen muss hier natürlich noch als ein weiteres Feld für die Entwicklung zur Liebe hingewiesen werden.

Die Liebe zum Mitmenschen bedingt zunächst ein tiefes Interesse an und für diesen. Nicht mehr Sympathien und Antipathien dürfen dafür die Antriebe sein, denn diese halten Zerwürfnisse und Spannungen nicht sehr lange aus, die in zwischenmenschlichen Begegnungen immer wieder entstehen. So will ich im Folgenden verschiedene Ebenen darstellen, die aufzeigen, wie die Liebe sich in einem menschlichen Sein äußern beziehungsweise wodurch sie ankommen und wachsen kann.

Zunächst ist die <u>Liebe des Kindes</u> zu seinen Eltern naturgegeben mitgebracht. Wie viel Vertrauen, Freude und Zuneigung zeigen schon die Babys ihren Eltern gegenüber. Diese „schmetterlingshafte" Liebe schützt und trägt das Kind, doch irgendwann ist sie aufgebraucht und so hat der heranreifende Mensch neue Quellen dafür zu suchen.

Die <u>Liebe zu den Freunden</u> ist dabei schon eher von Gemeinsamkeiten und einem Bedürfnis nach Zusammenhalt geprägt, so dass es hier auch öfters zu Auseinandersetzungen und Reibungen kommen kann. Schön ist es, wenn man Freunde hat, auf die man sich verlassen kann, doch den besten Freund finden wir in uns. Christus will unser aller Freund sein. Zu ihm kann sich unsere Freundesliebe hinentwickeln.

Über die <u>Partnerliebe</u> muss man gar nicht mehr viel sagen, denn da weiß jeder selbst, wie viel Arbeit diese beinhaltet. Doch Partnerschaften bilden ein riesiges Terrain zur Entwicklung der Liebe. Wir dürfen darin lernen, auch das Mangelhafte und Unvollkommene des Partners anzunehmen und zu respektieren. Daraus kann erst eine Wandlung geschehen. Auch der Entschluss zur Treue und das Verzichten auf allzu persönlichen Vorteilen und egozentrischen Neigungen stärkt die Kraft der Liebe in Partnerbeziehungen. Ja, die Liebe kann sich gerade in Partnerschaften besonders gut bewähren und reifen, hin zu einer warmen und tragenden Liebe, die, je älter und länger sie dauert, umso größer und tiefer sie werden kann.

Und weiter in der <u>Elternliebe</u>, in der Liebe des Vaters und der Mutter zum Kind, ja, da finden sich oftmals die größten Herausforderungen, denn allzu oft „kratzen" „kleine Dickköpfe" sehr heftig an unseren Egostrukturen und wir verlieren dadurch recht leicht die Gelassenheit, ja, wir kommen an die Grenzen unseres Großmutes und unserer Toleranz.

Die väterliche Liebe darf dabei dem gütigen, großherzigen, göttlichen Vater zustreben und die Liebe der Mutter umhüllt, wärmt und umsorgt mit göttlicher Liebekraft das heranwachsende Leben, wenn die Mutter auch selbst der göttlichen Mutter zugetan ist. So weit kann die Elternliebe nämlich hinreichen.

Doch nicht jeder hat die Aufgabe zu einer Elternschaft. Aber ein Sohn oder eine Tochter des Himmels sind wir alle beziehungsweise können es erneut wieder werden.

Die Sohnesliebe bedeutet und beinhaltet nun, dass wir Menschen in unserem innersten Wesen göttlicher Natur sind; und dieses Innere, diese Sohnschaft dürfen wir lieben lernen. Das höhere göttliche Wesen im Menschen, der Gottesfunke, durch den wir wahrhaft Mensch, also ein Kind beziehungsweise ein Sohn oder eine Tochter Gottes sind, er will geliebt werden, damit er in uns wachsen und gedeihen kann.

So können wir allmählich immer mehr von einer seelisch beeinflussten Liebe zu einer geistigen Liebe aufsteigen, denn erst die geistige Liebe macht es möglich, auch Feinde, seelische Abgründe oder das Böse lieben zu lernen. Dies vermag die seelische Ebene, die nur einen subjektiven, persönlichen Standpunkt einnehmen kann, noch nicht. Die geistige Ebene wird jedoch nur noch über eine ichhaft motivierte Entscheidung und einem empathischen Einfühlungsvermögen errungen. Ich muss lieben wollen!

Bei den meisten Menschen steckt dieses persönliche Ich noch im Seelischen und manchmal sogar im Leiblichen, im sogenannten Körperkult fest. So wird es zunächst einmal dringlich sein, die einzelnen Seelenebenen zu betrachten, in denen das Ich zum Wirken kommen kann.

Die Empfindungsseele ist subjektiv: dieses gefällt mir, dieses nicht. Der persönliche Geschmack entscheidet.

Die Verstandesseele verweilt im sogenannten Intellektualismus, der immer mehr zu der Einstellung verkommt: was nützt es mir, bringt es mir etwas oder nicht? Darauf lassen sich nicht wirklich menschliche Beziehungen aufbauen.

Die Gemütsseele erlebt und genießt sich vor allem in einem Selbstgefühl. Da kann der Andere recht leicht zum Objekt meiner Lust und meines Eigengenusses werden. Doch das Gemüt kann sich natürlich auch steigern, hin zu einem Mitgefühl, wenn wir dies denn anstreben wollen.

Die Bewusstseinsseele, die in unserer Zeit zu entwickeln angesagt ist, sie soll in allem die Wahrheit, das Wahrhaftige, das Objektive und Tiefe ergründen. Oberflächlichkeiten führen nicht mehr weiter. Die Weltereignisse mahnen zur Besinnung und zur Einkehr. Eine Selbst- und Welterkenntnis wird verlangt, wir müssen sehen lernen, was wirklich ist, nicht mehr nur das, was wir uns subjektiv ersehnen.

In dieser Bewusstseinsseelenhaltung vermag das Ich, zu sich selbst zu erwachen. Eine Wieder- oder Neugeburt des Ich im Geiste kann somit erfolgen. Dazu muss der Mensch lernen, alles von einer „höheren" Warte aus zu sehen. Zuerst sich mehr und mehr wie von Außen betrachtend, nicht mehr subjektiv, sondern verobjektivierend, damit wir allmählich mit „Geistesaugen" schauen lernen, uns selbst beobachtend, das heißt, um allmählich immer wacher und bewusster werden zu können.

Somit sollten wir nicht nur vor uns hinträumen und hindämmern, denn auch dieses alltägliche Irrlichterieren dürfen wir immer bewusster wahrnehmen und beobachten. Sich in seinem Ich und in seiner Seele ständig wahrzunehmen, auch das Denken, Fühlen und Wollen, bedeutet eine enorme Arbeit der Selbstreflexion, sie erschafft mit der Zeit aber eine höhere Substanz in uns.

Der Geist zieht in das wache, sich selbst beobachtende und reflektierende Menschen-Ich ein. Und dies eben nicht nur im intellektuellen Bereich, denn wenn es im Weiteren dazu kommt, dass auch eine Herzenswachheit, ein Wahrnehmen und Bewusstwerden mit dem Herzen geschieht, kommt diese Errungenschaft einem „Pfingstereignis" gleich. Das Geistselbst nimmt Wohnung im Menschen, wenn das Seelische, wenn das subjektive Wünschen und Wollen überwunden und veredelt ist. Dadurch weiten sich die Herzenskräfte in die Welt und in das Kosmische hinein, aus dem sie ursprünglich stammen. Das Herz bleibt niemals nur bei sich stehen, so wie das subjektive Denken, Fühlen und Wollen, denn es will sich immer weiten und verschenken. Darum sollen wir im Herzen wach werden, vor allem, in dem wir behutsam, achtsam und einfühlend alles wahr- und aufnehmen, was uns im Leben begegnet. Das Herz möchte immer das Gute, Lebensvolle und Schöne darin sehen und damit das, was sich im Menschen dorthin entwickeln will.

Wir schaffen durch Reflexion eine gewisse Distanz zum niederen Ich, zum Seelenhaften und dann eine Hinwendung zum höheren Ich und dies durch ein Schweigen, Wissen, Wollen und Wagen. Wir lauschen mit dem Herzen dem höheren Ich, das sich in unserem Gewissen aussprechen will. Dadurch erst beginnt die höhere, die geistige Liebe im Menschen zu wirken. Ein neues Wissen, eine Weisheit ersteht daraus. Sie will im Leben ankommen, das heißt, auch gewollt und gewagt werden. Philadelphia – die neue Gemeinschaft beziehungsweise das neue Zeitalter erfordert ein Handeln aus und mit Liebe. Diese sollen wir vor allem erlernen, um in die kommende Zeit, ohne allzu große Krisen, über- und eingehen zu können.

Gott liebt. Diese Liebe können wir auch in uns erspüren, denn da werden wir immer geliebt. In diese Gottesliebe dürfen wir ichhaft und seelisch, das heißt, mit ganzem Herzen hineinwachsen. Eine Freude erfüllt sodann von Innen her. Die Freude ist der „Wagen" der göttlichen Liebe. Hat die Gottesliebe dauergründend im Menschen eine Wohnung genommen, erfüllt sich die Seele mit Glückseligkeit.

„Gott liebt mich" – diesen Liebesstrom dürfen wir erspüren – es ist dies ein Heils-Strom. Sich diesem öffnen und hingeben, das hilft in allen Lebenslagen.

Der geistige Mensch ersteht durch die freie Tat des Menschen, das heißt, durch das liebende und weisheitsvolle Tun: in der Arbeit für die Mitmenschen, für die Erde und für sich selbst.

Die Liebe wandelt die Seele um, sie nimmt an, auch das Unvollkommene und Kranke und übergibt es dem Geist Gottes, aus dem sie entspringt. Dieser segnet eine jegliche Liebestat, in dem er seine Kraft, seine Liebe und seine Weisheit dem Menschengeist zukommen lässt. Gottesgeist und Menschengeist, sie verbinden sich in Liebe, wenn der Mensch mit ganzer Seele, mit ganzer Kraft und mit ganzem Herzen Gott und die Welt zu lieben lernt.

Die göttliche Liebe zieht in den Menschen ein, heilend und gesundend, durch den heiligen Geist, durch das göttliche Wort, durch die menschliche Tat, auf dass der Mensch die Erde und die Mitwelt mehr und mehr durchlichten und durchlieben lernen kann.

Ein neues Leben

Zwei Grund-Kräfte oder Triebe wirken in den Menschen, in seine Seele und in seinen Leib ein. Sigmund Freud nannte sie den Lebenstrieb und den Todestrieb. Diese lassen sich tatsächlich bis in unsere persönlichen Einstellungen gegenüber den Lebenswirklichkeiten beobachten. Wir können nämlich das Leben und all seine Erscheinungen bejahen oder verneinen. Kein wirklicher Stillstand ist damit dauerhaft vorgegeben, nur ein Abwärts oder ein Aufwärts beziehungsweise ein Aufbau oder ein Abbau, wenn man die biologische Dimension in Betracht zieht.

In der Natur geschieht ein Wachsen und ein Welken. Im menschlichen Leben äußert sich dieses Prinzip in der Wandlung vom Kind zum Erwachsenen und dann weiter bis in das Alter und bis zum biologischen Tod. Wir sind also im biologischen Leben eingespannt zwischen den Aufbau-Wachstums-Kräften und den Abbau-Todes-Kräften. In der Kindheit überwiegt noch der Aufbau, im Alter naturgegeben der Abbau.

Eine gesunde Entwicklung bedingt natürlich einen gewissen Ausgleich, eine Waage beziehungsweise eine gelungene Integration dieser polaren Kräfte und zwar bis ins Seelenleben hinein. Naturgegeben sind wir jedoch im physischen Leben begrenzt, was vor allem die Erneuerung der Aufbaukräfte betrifft. Bekanntlich ist uns der Zugriff zum sogenannten Baum des Lebens, also zu einem immerwährenden Leben durch den biblischen Sündenfall verwehrt worden. Dieses „ewige" Leben in sich wieder zu finden, das eben keinem Abbau mehr unterliegt, ist folglich die Aufgabe und das Ziel eines religiösen und spirituellen Weges.

Doch auch im Seelischen, ja selbst noch im Geistigen herrscht das Gesetz dieser Dualität. Sympathie- und Antipathiekräfte der Seele zeigen die Pole eines lichthaften, eines warmen und freudigen, sowie eines dunklen, verneinenden und abgrenzenden Seelen-Wesens, die das Wohlgefühl und die Gestimmtheit eines Menschen maßgeblich mitbestimmen können. Im Bereich des Geistigen finden wir ebenfalls eine Dualität und zwar, was das moralische Vermögen des Menschen betrifft. Das Gute oder das

Böse vermag den Menschen zu leiten, wenn er sich für die eine oder die andere Seite entschließt oder wenn er sich aus Bequemlichkeit, Eitelkeit und persönlichen Vorteilen, die dann leider oftmals andere Wesen, wie inzwischen die ganze Erde schädigen, wenn er sich also von einseitigen Egoismen und dadurch von dunklen Mächten verführen und vereinnahmen lässt.

Letztlich entscheidet auf allen Ebenen die Frage: Wer ist stärker? - der Lebens- oder der Todestrieb, das Gute oder das Böse, das Annehmende oder das Abstoßende, das Aufbauende oder das Abbauende, das Lichte oder das Dunkle und so weiter.

Diese Frage bestimmt unsere Einstellung dem Leben gegenüber. Das Gesetz der Anziehung beziehungsweise der Affinität bedeutet, dass wir die Kräfte in der Welt anziehen, die wir auch in uns selbst kreieren. Senden wir positive, lebensbejahende Gedanken und Gefühle aus, so wird uns der Kosmos die entsprechenden Kräfte zusenden. Umgekehrt gilt natürlich das Entsprechende – hegen wir negative Gefühle und destruktive Gedanken, wird sich unser Schicksal zu dieser Seite hinwenden müssen. Wir haben es also selbst in der Hand, auf welche Seite wir uns begeben beziehungsweise wo wir uns hinstellen wollen. Doch nur die eine Seite zu wollen und die andere zu negieren, widerstrebt dem Gesetz der Natur, das diese Pole in ein rechtes Verhältnis bringen und damit immer auch ausgleichen muss.

Dieses Gesetz hat nämlich sehr weitreichende Folgen. Schon ein Friedrich Nietzsche ließ in seinem Zarathustra aussprechen: „Man baut, um zerstören zu kennen". Also lebt neben dem Willen zum Leben immer auch ein Wunsch, meistens unbewusst, zum Zerstören. Sicherlich gibt das nicht jeder gerne zu. Denn oftmals verneinen die Menschen das Negative. Man will schließlich nur das Positive für sich haben, den Willen zum Leben, zum Erfolg, zur Macht, zum Glanz. Aber auch dabei schadet man oftmals der „übrigen" Welt, denn man will vorwärts kommen und sich behaupten, zumeist auf Kosten anderer und sei es den Naturgrundlagen gegenüber. Denn das Nehmen überwiegt hier bei weitem dem Zurückgeben, wenn man nur einmal den Abbau der Rohstoffe oder ähnliches betrachtet.

Um selbst groß, stark und etwas Besonderes sein zu können, wird das Andere beziehungsweise der Andere negiert oder schlecht gemacht. Also ist auch hier die negative Seite, der Todestrieb mit dabei.

Nietzsche proklamierte ja den Titanen, den Übermenschen, der keine Schwachheit zeigt, nur Stärke des Egos, des Willens, der dann die Welt erobert. Alles Schwache und Minderwertige soll kein Lebensrecht erhalten, so wie dies dann konsequenterweise im Nationalsozialismus zum höchsten Gebot erklärt wurde. Nur ist Nietzsche an dieser Einstellung selbst zerbrochen und wie es mit dem Nationalsozialismus endete, wissen wir ja auch.

Das Unterbewusste und damit auch die verdrängten negativen Kräfte, sie schaffen in der Seele weiter, wenn wir sie nicht sehen und ins Bewusstsein heben wollen. Und irgendwann treten sie so massiv zutage, dass wir nicht mehr mit ihnen fertig werden.

Wenn ich also nur eine Seite sehen will, werde ich zwangsläufig im Leben scheitern müssen. So gilt es immer, beide Seiten sehen zu wollen, eben dann auch den Willen zur Verneinung, zum Abbau, zum Altwerden und zum Tod, nicht nur den zum blühenden, zum frischen und guten Leben.

Friedrich Hölderlin drückte dies sehr poetisch aus: „Nicht in der Blüt und Purpurtraub ist heilige Kraft allein, es nähret das Leben vom Leiden sich".

Nach jedem Hoch folgt ein Tief. Dies geschieht im Wetter ebenso wie im seelischen oder im wirtschaftlich-gesellschaftlichen Leben. Erfolg und Misserfolg wechseln sich ab, manchmal erst nach längeren Zeiten oder gar erst in späteren Inkarnationen. Steile Karrieren und politische Erfolge sind meistens nicht von allzu langer Dauer. Ein Napoleon oder ein Adolf Hitler, wie viele andere auch, verfielen nach anfänglichem Erfolg in einen Macht- und Größenwahn und schließlich in eine Destruktivität und Zerstörungswut hinein. Das Pendel schlug einfach auf die andere Seite – vom Erfolg zum Misserfolg, vom Leben des Übermenschen zum Tod.

Eine christliche Lebenseinstellung besagt ja im Bewusstsein dieses Hintergrundes: Wenn wir das höhere Leben wollen, müssen wir auch bereit sein, das niedere wegzugeben, es nicht mehr als das Einzige und Wichtigste zu betrachten. Verzichten können, abnehmen, sich veräußern und negieren, sowie den Tod als eine seiende Wirklichkeit und Kraft anzunehmen, dies ist eine Bedingung des christlichen Weges: „Wer sich verliert, wird sich finden." Denn das, was man verliert beziehungsweise auf das man verzichten kann, wird man erst richtig gewinnen, jedoch auf einer höheren Ebene. Werde ich bereit, mein allzu natürliches Sein und Leben wegzugeben, es zu verschenken, wenn ich also das niedere, sinnliche Leben und die damit verbundenen seelischen Begehrungen freiwillig opfere, so gewinne ich erst das höhere Leben.

Der christliche Schulungsweg beinhaltet daher den Gang durch den Tod, durch die Todeskräfte, um sie annehmen, integrieren und wandeln zu können. Dadurch erst offenbart sich im Tod beziehungsweise hinter dem Tod das wahre, das ewige Leben.

Das ewige Leben steht über dem Bios, über dem natürlichen und seelisch-geprägten Leben beziehungsweise es befruchtet und umschließt das natürliche Leben des Aufbaus und den Todesbereich des Abbaus, also auch die Welten des Dunklen, des Negativen und des Bösen, denn diese sind ja schließlich auch mit Leben beschenkt. So bleibt uns letztendlich nichts anderes übrig, als auch in dieses „negative", dunkle Unterbewusstsein und in diese Todesreiche hineinzugehen und dies nicht erst beim Sterben, sondern auch schon während des irdischen Lebens selbst. Mit einem wachen Bewusstsein dürfen wir den Todestrieb in uns und überall in der Welt erkunden.

Im Menschen und im Kosmos zeigt sich dieser Todesbereich vor allem in der Tierkreissphäre des Skorpion. Darin wirken aber auch die Kräfte des Sexus und der Macht, die im Negativen bis zu Perversionen, schwarzmagischen Ritualen und Besessenheiten reichen können. Alle seelischen Abgründe und Nihilismen, alle destruktiven Äußerungen des Seelenlebens, wie selbst die Sehnsucht nach dem Tode bis hin zum Suizid, sie wollen erkannt und wie in einem alchymistischen Laboratorium nach und nach verwandelt werden, bis aus dem Skorpion ein Adler erstehen kann.

Im Leiblichen verweist der Skorpionbereich in den Dickdarm und

83

in die Sexualorgane hinein. Hier arbeiten diese dunklen seelischen Energien unterbewusst weiter, wenn wir sie nicht ins Bewusstsein heben. Der Körper zeigt in bestimmten Unregelmäßigkeiten und Krankheiten letztlich nur, was wir im Seelischen und Geistigen nicht sehen wollen.

So müssen wir uns diesen dunklen Bereichen ausliefern, sie kennenlernen und dabei unser selbst eingerichtetes, braves, bürgerliches und sattes Leben, auch das Erfolgreiche und das gesellschaftlich Anerkannte weggeben, wie Lazarus, der reiche Jüngling in den Evangelien es tat, um in diese Todesreiche eintreten zu können. Ein Abstieg in die Tiefen der Seele und des Leibes zum Herrn der Zerstörung und des Todes, ja, das ist gewiss nicht ganz einfach. Doch selbst ein Mephistopheles spricht im Faust: „Was wert ist zu leben, muss zugrunde gehen!"

Nur, ohne geistige Kräfte und ohne geistige Hilfen sind wir diesen dunklen Mächten ausgeliefert und gehen sehr leicht verloren, wie als Beispiel eben auch ein Friedrich Nietzsche. Wir sollen diese dunklen Kräfte bejahen, annehmen, erkennen und dann auch wandeln lernen. Doch das vermögen wir nicht mehr allein. Dazu braucht es die Kräfte von „oben".

Das göttliche Licht, den Geist der Wahrheit, ihn dürfen wir in uns hereinlassen. Wir müssen uns notwendigerweise zuerst mit dem Oben, mit dem Licht des Himmels verbinden, um mit diesem, um dieses also nach unten zu bringen – und da zuerst ins Herz hinein, zu einer allumfassenden Liebe hin, die wir im Herzen finden können. Die Weisheit und die Liebe sollen im Herzen zusammenkommen, damit alle anderen Bereiche des Seins erkannt und erlöst werden können. Mit diesen Kräften dürfen wir nun eintauchen in die eigenen seelischen Tiefen. Hass, Zerstörungswut, Angst, Depression, Zweifel, Lähmung, Negativität und eine totale Finsternis treten uns da „unten" seelisch entgegen. Dies können Gefühle, Stimmungen und Emotionen sein oder auch innere Bilder, Geräusche, Gerüche und Farben. Nur mit einer „unendlichen" Güte, also mit der Kraft des göttlichen Vaters ist diesen Kräften etwas entgegen zu setzen und schließlich beizukommen. Die Güte, sie nimmt an und verzeiht. Ja, gerade in der Begegnung mit dem

Bösen und Unvollkommenen kann auch das Gute wachsen – wir erfüllen uns mit Güte.

Der göttliche Vater schenkt das neue Leben, das die Todeskräfte besiegt, in dem nichts abgespalten, ausgesondert oder getrennt, sondern angenommen, umhüllt und durchdrungen wird und zwar mit Weisheit, Liebe und Güte.

Sei gütig zu Dir, auch zu Deinen negativen Gefühlen, Emotionen, affektiven Ausbrüchen und finsteren Gedanken. Verurteile Dich nicht wegen dieser negativer Kräfte und Eigenschaften, denn durch das Verurteilen bist Du schon wieder auf der dunklen Seite angelangt. Nimm diese destruktiven Kräfte an, sie sind Teil Deines Wesens. Übergib sie viel eher den Kräften und Wesen des Lichts. Diese erst bringen eine Erhellung und eine neue Sicht.

Wir dürfen das Negative und Unvollkommene den göttlichen Kräften und Wesen übergeben und von diesen das Gute empfangen. Damit wachsen wir allmählich in ein neues Sein hinein, langsam und behutsam, so wie nach kalten Wintertagen durch der Sonne Frühlingsruf das neue Leben in der Natur hervorbrechen will.

Wir können nicht wirklich eine neue Welt erbauen, so wie der „Übermensch" es will. Das ist eine Illusion, obwohl heute viele, oftmals sehr gescheite Menschen danach streben. Wir bauen Türme in den Himmel und graben tiefe Löcher in die Erde. Scheinbar ist alles machbar, letztlich nur eine Frage der Technik und des Wissens, so meint man gern. Damit setzt sich der Mensch aber selbst auf einen Thron, er wird zum Herrscher über die Erde. Sogar im innerseelischen und geistigen Bereich wird manchmal gemeint, durch bestimmte Techniken und Wissenszusammenhänge könnte der Mensch sich eigenmächtig und allein ein „höheres" Leben einverleiben, ohne Krankheiten oder gar ohne den Tod und dies durch sich selbstoptimierende mentale und geistige Fähigkeiten und Kräfte. Dies nennt man eine persönliche Magie: der menschliche Wille und gewisse „innere" Techniken, auch mit chemischen Substanzen, elektronischen Chips und sonstigen Prothesen, diese sollen allmählich immer mehr erreichen, was sich die Wunschnatur ersehnt. Doch auch hier ist es immer nur eine Frage der Zeit, bis der Gegenpol zum Aufbau, zum maßlosen Bauen und zum Fortschritt um jeden Preis, eben der Todestrieb, der Abbau und die Zerstörung hinzutritt.

Und manch einer, der allzu schnelle Erfolge, auch auf dem spirituellen Weg erringen wollte, wurde dafür bitter bestraft. Und dies im inneren wie im äußeren Leben. Wer nur noch das gute Leben sucht, wird irgendwann die andere Seite erfahren müssen.

Viele Jugendliche zeigen heutzutage zum Beispiel schon einiges an herauf-brechenden, destruktiven und krankmachenden Kräften. Diese Abgrundkräfte werden zunehmen müssen, wenn wir einseitig nur den Spaß, die vitale Fitness und das pralle Leben genießen wollen. Denn alles Gebaute muss einmal zugrunde gehen.

Der Turmbau zu Babel: Blitz und Donner vernichteten ihn, so wie dies auf der Tarot-Karte: der Turm, symbolisch abgebildet ist. Die Zwillings-Türme in New York, sie sind eben auch ein Symbol für den menschlichen Machbarkeitswahn, sie „mussten" fallen und damit wird auch das selbst-errichtete Geld- und Wirtschaftssystem in Mitleidenschaft gezogen, das von diesen Türmen ausging. Die Türme fielen, die Finanzwelt wird folgen, denn die göttliche Gerechtigkeit erlaubt keine dauerhaften Einseitigkeiten. Das Gesetz im Physischen, also auf der Erde und damit auch in unserem gesellschaftlichen Zusammenleben, es lautet schließlich: Leben und Tod.

Wollen wir immer nur noch mehr Wachstum, zum Beispiel in der Wirtschaft und im Geldwesen, so wird, wie im Krebsgeschwür, einmal Krankheit und Tod die Folge sein. Ein natürliches Wachsen enthält immer die Kräfte des Auf- und des Abbaus in sich. Ein System, das von Bürokraten, Technokraten und Plutokraten aufgebaut ist, das immer nur wachsen soll, ist längerfristig gesehen nicht lebens- oder gar überlebensfähig.

Wenn wir eine Welt nach persönlichen und egoistischen Wünschen und Maßstäben erbauen, wird sie einmal zugrunde gehen. Das sollten wir immer auch im Bewusstsein tragen. Nicht bauen sollen wir also, sondern wachsen, hineinwachsen in eine neue, in eine ganzheitliche Welt.

Wachstum entsteht durch ein Zusammenspiel der Lebens-, also

der Aufbau- und der Abbau-, der Todeskräfte. Das Bauen will nur Aufbau, es ist mechanisch, nicht lebendig.

Ein Wachsen geschieht dagegen im Einklang mit den Elementen, mit der Sonne, mit dem Wind, mit dem Wetter, mit der Erde und mit den göttlich-geistigen und kosmischen Dimensionen. Wir dürfen daher eher hineinwachsen in eine neue Welt, das heißt, die neue Welt, das neue Leben, es ruft uns zu: „Lazarus, komm heraus!"

Mensch, komm heraus aus deinem selbst errichteten, aus deinem selbstgebauten Gedankenkosmos, den du schon für alles hältst.

Der Name Lazarus bedeutet: mit der Hilfe Gottes. Mit Gottes Kraft und Güte können wir wachsen, sogar über uns selbst hinaus – hinein in eine neue Welt.

Das Neue Jerusalem, die himmlische Stadt, sie will sich bilden, in dem der Mensch sich mit dieser neuen Welt verbindet, in dem er in sie hineinwachsen will, denn sie ist eigentlich schon da, im „Keime", im Geistigen ist sie schon als eine schöpferische Potenz und Möglichkeit vorhanden.

Das neue Leben, das die Todeskräfte, auch die destruktiven menschlichen Abgrundkräfte angenommen, in sich integriert und dem höheren Leben geopfert hat, es ist in Christus eine Erden-Wirklichkeit geworden. Wir dürfen daher seine Kraft und sein neues Leben annehmen – es fühlen, denken und wollen.

Christus trägt das ewige Leben, den Baum des Lebens in sich. Er hat die Todeskräfte, den Tod angenommen und sie mit seinem göttlichen Leben durchdrungen. Dadurch ist auf der Erde etwas entstanden, das es vorher so noch nicht gab: der Auferstehungs-leib. Diesen Auferstehungskräften dürfen wir uns immer zu-wenden, wir können in sie hineinwachsen, denn sie sind auch in uns, als ein zarter Keim, den wir bewässern, belichten und wärmen sollen – wie ein Gärtner – damit ein neuer, ein unsterb-licher, ein lichter und freier Mensch daraus hervorgehen, damit dieser „Keimling" auch in uns wachsen und gedeihen kann.

Ins Land der Freude

„Kennst du das Land, wo die Zitronen blühen?..." Ja, wir kennen heutzutage normalerweise alle das Gefühl der Freude, wenn wir in einer Umgebung sind, wo die Sonne wärmt, die Blumen duften, eine Meeresbrise die Luft belebt, wo Kinder fröhlich umher tollen, wo romantische Gassen in schönen Städtchen und Dörfern zum Verweilen einladen und zufriedene Menschen ihren täglichen Geschäften auf Märkten nachgehen oder bei kurzweiligen Plaudereien in Cafes und Bars ihr Leben genießen und wir selbst, wie eben im Urlaub von den Alltagssorgen befreit sind. Da kommt ganz selbstverständlich eine Freude auf. Leider können wir diese gelassene Stimmung nicht sehr lange in den mannigfachen Alltagsverpflichtungen und -belastungen bewahren, denn diese lassen nicht viel Zeit für Beschaulichkeit, für Muse und eine heitere Stimmung.

Warum eigentlich nicht? Warum empfinden wir das Alltagsleben zumeist als grau und öde, wo dann am Feierabend nur noch ablenkende Unterhaltungen jeglicher Art für eine gehobene Stimmung sorgen sollen? Wo bleibt die Freude im Alltäglichen?

Sicherlich gibt es auch da immer wieder Gelegenheiten, bei denen wir eine Freude verspüren können, doch meistens wird diese von Außen, von äußerlichen Begebenheiten des Lebens hervorgerufen. Eine freudevolle Stimmung, die wir selbst kreieren, die uns von Innen her beleuchtet und beglückt, die lebt und wirkt, egal wo wir uns befinden, ist dies ein unerfüllbarer Traum oder kann dies eine Wirklichkeit werden?

Ist das Land der Freude vielleicht auch in uns? Gibt es da womöglich auch eine wärmende Sonne, eine kühlende Brise und duftende Blumen, spielende Kinder, zufriedene Menschen und eine herrliche Landschaft?

In anderen Artikeln hatte ich die Freude schon einmal behandelt und zwar im Verhältnis zur Lust und zur Glückseligkeit. Dabei wurde schon im Anschauen des Sprachausdruckes einiges deutlich. Bei der Lust überwiegt zumeist das Haben wollen, denn wir sprechen: Ich habe Lust, ich habe Spaß.

Nun ist es aber so, dass das, was man hat, was man besitzt, man natürlich auch verlieren kann und zwar auf allen Ebenen des Seins. So gesellt sich zur Lust nach einiger Zeit oftmals sehr leicht ein Leid hinzu.

In einer anderen Weise sprechen wir: Ich bin selig beziehungsweise glückselig. Auch wenn dieser Zustand nicht sehr häufig vorkommen mag, denn er ist ein Seinszustand, ein Sein und nicht mehr nur ein Haben, den wir jedoch nicht erzwingen können, denn die Seligkeit ist ein Akt der Gnade.

Nun gibt es eine Mitte zwischen der Lust und der Seligkeit, nämlich: „Ich freue mich". Da bin ich also selbst der Akteur, der zwischen der Gnade von oben und den lustvollen Bedürfnissen von unten, der also zwischen Himmel und Erde beziehungsweise zwischen Geist und Leib vermitteln und dadurch einen eigenen Bereich erschaffen kann, der in unsere freie Handhabung gelegt ist.

Das menschliche Ich ist also die Instanz, die sich dieser inneren Freude bewusst zu nähern und sich mit ihr zu verbinden vermag. Doch wo ist dieser Quell im Inneren zu finden? Wo ist das Land der Verheißung und wie finden wir dorthin?

Sicherlich können wir auch an vielen äußeren Dingen und Begebenheiten eine Freude empfinden. Meist ist deren Zeitintervall jedoch begrenzt. Dadurch kennen wir aber zumindest das Gefühl der Freude und können dieses daher immer wieder ins Bewusstsein heben, nämlich durch die Gabe der Erinnerung.

Das innere Land der Freude, ein sonniges Gemüt haben manche Menschen einfach ins irdische Dasein mitgebracht, zumeist ohne großes eigenes Dazutun, quasi als eine natürliche Gabe. Was kann ich aber tun, wenn mir dieses Talent nicht mitgegeben ist?

Nun, zunächst können wir den Begriff der Freude einfach denken, ihn in uns bewegen, meditieren und sich willentlich mit dem Gedanken an die Freude verbinden, mit ganzer Seele, unvoreingenommen und offen.

Wohin will und kann mich diese Tätigkeit im Inneren hinführen? Wohin strebt der Gedanke, das Gefühl und die Stimmung der Freude?

Lassen wir uns von dieser inneren Freude, von diesem Gefühl der Freude innerlich führen, so bemerken wir, sie strebt ins Herz, in die Mitte des Menschen, ins Herz-Chakra hinein.

Wir dürfen also unser Herz mit Freude umgarnen, jedoch, recht leicht kann man dabei bemerken, dass da nicht nur die Freude ist, sondern auch zahlreiche Wunden, wie Gefühle der Trauer, manch vergangene Schmähungen und Demütigungen, Verbitterungen, Ängste und ähnliches, hervortreten können. Die Freude soll sich davon aber nicht einschüchtern lassen. Ich bleibe bei der Freude, ich freue mich... . Diese Freude umhüllt, sie schafft einen Raum, von dem aus alles besonnen und objektiv betrachtet werden kann. „Ich freue mich..." Nicht aus einem äußerlichen Grund heraus, sondern weil ich es so will! Mit der Zeit bemerke ich dadurch, wie in diesem Herzraum, wie in dieser von mir gewollten, gedachten und gefühlten Freude mir etwas entgegen kommt. Eine große, weite und zarte Freude freut sich meiner Freude. Da ist also eine Instanz in mir, die in Resonanz mit mir, mit meiner Freude ist und die sich an meiner Freude freut. Da breitet quasi jemand seine Arme ganz weit aus und wartet darauf, dass wir darin eintreten. Immer stärker kann dieses Erlebnis werden, wenn wir uns mit ganzer Seele, ganzem Geist und ganzer Kraft darauf einlassen.

Aber auch die Schmerzen, die alten Wunden können dadurch verstärkt in unser Bewusstsein treten. Wir brauchen aber nicht mehr dagegen ankämpfen oder vor ihnen davonrennen, denn die Freude ist größer und mächtiger als alle Beschränkungen es sind. Sie schützt uns vor den seelischen Abgründen und sie ist ein Tor zum inneren Himmel, weil sie uns „Flügel" verleihen kann.

„Freude schöner Götterfunke, Tochter aus Elysium ..."

Dieser Funke darf allmählich zur Flamme werden und alles er- wärmen, was gut im Leben ist und sie darf verbrennen, was nicht dem Leben dient. Denn die Freude ist ein Ausdruck des göttlichen Lebens. Selbst die Natur scheint im Frühling, im aufbrechenden Leben vor Freude zu jubilieren.

Freude überall, das ist Ostern, wenn die starren und kalten Todes- kräfte des Winters überwunden sind. Das neue Leben bricht her- vor – auch in uns?

Natürlich, oftmals ist es doch ein zähes Ringen, denn so leicht gibt der Winter, geben die Kräfte der Verhärtung nicht auf. Doch die wärmende Sonne kann nicht ewig verdeckt bleiben. Diese müssen wir suchen, auch in uns, denn sie wartet auf unseren Drang, auf unsere Sehnsucht, auf unseren freien Willen, so wie nach einem kalten Winter alles natürliche Leben auf die wärmende Sonne und das emporstrebende Licht wartet, sich dorthin sehnt und hinbewegt.

Die Christus-Sonne in unserem Inneren, sie ist immer da. In seinem Namen können wir sie finden. Sprechen wir seinen Namen aus, innerlich und mit ganzer Seele, so wird ein Raum geschaffen, in dem er anwesend ist. Wir dürfen uns von Ihm berühren lassen. Er ist der Tod-Überwinder. Ihm dürfen wir unsere Unvollkommenheiten übergeben.

Christus spricht zu uns: „Seid vollkommen, wie es die Götter sind". Dies ist ein Auftrag. Wir brauchen also nicht immer nur an den Fehlern und Mängeln, die wir alle haben, hängen bleiben, bei sich nicht und erst recht nicht bei anderen. Wir dürfen vielmehr das Vollkommene sehen lernen. Dies erfüllt mit Freude, denn die Freude ist vollkommen.

Was gibt es da noch hinzu zu tun? Ja, eventuell nur noch die Dauer, also das Leben in der Seligkeit. Diese ist ein Geschenk Gottes, wenn wir uns ganz mit seinem Leben, seinem Wesen verbinden und vereinen können.

Gott freut sich über jeden Menschen, ja, der ganze Himmel freut sich, wenn ein Mensch in sich diese Freude gefunden hat. Ein großes Fest ist dies – ein Hochzeitsfest, eine Vermählung und ein Freudenfest. Denn der irdische Mensch, der verlorene Sohn hat zum Vater, zum Quell der Freude zurückgefunden; er hat in seinem Herzen, in der Sehnsucht nach dem Quell der Freude den Weg gefunden, der ihn hinführt zu Ihm, von dem das Leben kommt.

In Christus hat der Vater für uns Menschen Gestalt angenommen. Ihm dürfen wir folglich unsere Sehnsucht und unsere Freude schenken. Nicht nur ein schlechtes Gewissen beziehungsweise eine moralische Pflicht soll das strebende und suchende Element in uns bewirken, sondern die Freude, die Freude auf eine Wiedervereinigung mit dem Grund der Welt, aus dem wir alle hervorgegangen sind.

Die Freude führt uns am schnellsten und sichersten dort hin. Das Leid dagegen zeigt nur auf, wo und wie weit wir uns schon von diesem Quell entfernt haben. Jedoch, wir müssen nicht den Weg des Leides gehen. Wir können, egal wo wir stehen, uns immer für die Freude entscheiden, denn die Gärten der Freude stehen jedem offen. Sie sind so mannigfaltig, dass jeder darin seine Liebe finden kann.

Wir müssen dazu nur loskommen von unserem Eigenen, vom allzu Subjektiven, vom Mein und Ich allein – und hinstreben zum großen Dein, zum großen Du, zum himmlischen Leben, so wie es ist. Wir dürfen, ja wir sollen daran teilnehmen, aber besitzen können wir es nicht. Auch nicht die Freude darüber. Denn alles kommt von dem „Einen", in das alles zurückkehren will und ohne das es nichts gibt. Dieses Eine ist der Quell von allem. Dahinein führt uns die Freude und das reine Leben, das nichts mehr für sich selbst behalten will.

„Denn Dein ist das Reich und die Kraft und die Herrlichkeit in Ewigkeit – Amen".

Gott schenkt uns seine Freude. Diese Freude können wir uns nicht verdienen. Sie ist ein Geschenk. Wir dürfen uns zu ihr erheben, uns ihrer würdig erweisen, vor allem, wenn wir in uns selbst diese Freude anstreben. Über dem Sumpf des Begehrens und der Leidenschaften in der Welt sind die Gärten der Freude. Daraus fallen manchmal Tropfen in unsere Seele hinein, die uns zeigen wollen, worauf es letztlich ankommt, um im Leben sinnstiftend und heilbringend wirken zu können.

Natürlich gibt es im biographischen Leben leidvolle und freudvolle Zeiten und Schicksalswege. Das Leid geschieht immer durch unser Tun und unsere Einstellung, das aus früheren, aus vergangenen Zeiten entstammt. Die Freude dagegen erfahren wir meistens erst, wenn wir viel lieben oder geliebt haben, dies auch unter karmischen Gesichtspunkten.

Lieben wir die Natur, die Mitmenschen und die Welt, so werden wir mit Freude beschenkt. Wiederum ist das Herz das Tor zum Mitmenschen, zur natürlichen Welt und zu den Gärten der Freude. Dahinein darf unser Weg gehen. Im Herzen der Welt, in Christus ist die Tür zum Hause des Herrn. Durch Ihn treten wir ein in die schönen Gärten, in die Reiche des Friedens, der Liebe und der Freude. Sein Name beziehungsweise sein Geist ist der Weg, in Wahrhaftigkeit gegangen, zum neuen Leben hin. Heiligen wir seinen Namen in uns, lassen wir uns durchdringen mit und von seiner Namenskraft, so finden wir den Weg. Sein Name ist aber auch ein Auftrag für uns, nämlich zu geben, aber nicht allein unseren Besitz, unser Vermögen, auch nicht nur unsere Klugheit und unser Können, sondern vor allem Seinen Geist, diesen dürfen wir vor allem weitergeben und zwar durch uns. In Seinem Namen, in Seiner Kraft und in Seinem Geist wird alles gelingen – die Freude, die Heilung, das neue Leben.

Aber dies nicht für uns alleine, denn wir sind zum Hüter unseres Bruders, unserer Schwester bestimmt. In diesem Sinne wird uns das Gebot Christi zu einer Lebensmaxime. „Ehre und liebe deinen Vater im inneren Himmel – mit ganzer Seele, mit ganzer Kraft und ganzem Sein – und deinen Nächsten wie dich selbst".

In dieser Haltung dürfen wir Seinen Namen anrufen, so wird Er immer da sein und uns seine Gaben anvertrauen, die wir zum Leben in der Welt und für die Welt brauchen. Für einige ist es die Gabe des Heilens, für andere die geistige Schau, das prophetische Wissen oder das künstlerische Schaffen oder die Erfindungsgabe und so weiter. Immer aber wird bei all diesen Gaben die Freude Anteil nehmen. An allen Gaben dürfen wir uns erfreuen. Die Freude ist der Lohn für unser Bemühen.

Eine immerwährende Freude ist das letztendliche Ziel. Im Johannes-Evangelium und in vielen anderen Stellen in der Bibel wird uns dies verheißen.

„Noch habt ihr Traurigkeit, aber ich will euch wiedersehen und euer Herz soll sich freuen und eure Freude soll niemand von euch nehmen. Ewige Freude wird über eurem Haupte sein". Und: „Freude und Wonne wird über den Erlösten des Herrn sein und Schmerzen und Seufzen werden weichen müssen" (Joh. 16,22 und

Jessajah 35,10). Diese Freude will aber nicht in einer fernen Himmelswelt verbleiben. Alles irdische Sein soll von ihr durchtönt und durchlichtet werden, bis in die Elemente hinein.

Eine feurige Freude zeigt sich in der Freude an hehren Idealen und Götterzielen. Sie entspricht dem Menschen. Eine luftige Freude freut sich an der Freiheit und an der Wahrheit. Sie entspricht dem Adler. Die wässrige Freude freut sich an der Vitalität und Innigkeit des Herzens. Ihr entspricht der Löwe. Die erdige oder irdische Freude freut sich an der Kraft, Beständigkeit und Ausdauer, mit der wir unsere Ziele verfolgen. Sie entspricht dem Stier.

Diese Ausdrucksweisen der Freude im menschlichen Sein, die zusammen das Viergetier beziehungsweise die Sphinx ergeben, sie wirken gesundend und heilend im menschlichen Sein.

Jedoch, wir können uns natürlich auch an Dingen erfreuen, die für uns gar nicht förderlich sind, zumindest, wenn wir sie längerfristig gebrauchen, wie zum Beispiel im Glücksspiel, mit Drogen, Alkohol und sonstigen Genüssen, vor allem, wenn wir sie als glücksbringend und seligmachend, das heißt, wenn wir sie maßlos konsumieren, wie auch laute Musik, Sex, Schlemmereien, Luxusgüter und vieles mehr, die alle mehr oder weniger etwas Negatives beziehungsweise einen „Kater" hinterlassen.

Die innerlich errungene Freude, zum Beispiel an den Mitmenschen, an Kindern, an der Natur und überhaupt am Leben, fördert dagegen die Zufriedenheit und ein Glücksgefühl. Diese Art der Freude bildet quasi Flügel aus, mit denen wir gut und sicher durch das Leben kommen. Auch im Alltag, wenn wir eine Freude entwickeln können an den kleinen Dingen des Lebens ist dies so: ein liebevoller Blick, eine nette Geste – überall können wir Schönes und Liebevolles entdecken, wenn wir dafür unsere Seelenaugen öffnen, wenn wir also mit einem freude- und liebevollen Herzen zu schauen beginnen.

Die Welt, sie ist nicht nur schlecht und unvollkommen, so wie das heute viele negative Geisteshaltungen, zum Beispiel in den Massen-Medien, verkünden wollen, vor allem, wenn man nur die vielen schlimmen Nachrichten, die es in der Welt immer irgendwo gibt, ausbreiten und zusammenfassen tut. Dadurch sind wir erst richtig aufgerufen, ein Sehen zu üben für die guten Seiten, die es eben immer auch noch gibt. Ansonsten können zu viel negative Nachrichten uns auch lähmen und niederziehen. Wir entscheiden also selbst, was wir sehen und damit aufnehmen wollen. Das Freud- oder das Leidvolle, das Schöne oder das Krankmachende, das Gute oder das Unvollkommene, immer haben wir zu wählen und uns bewusst zu entscheiden.

Dabei sollen wir uns aber nicht dem Negativen verschließen, denn auch dieses ist eine Realität. Doch wir dürfen uns davon nicht vereinnahmen und überrumpeln lassen, denn sonst werden wir davon nur heruntergezogen und das ist das eigentliche Ziel, das bestimmte Mächte verfolgen, die hinter einem destruktiven Verhalten und den vielen abgründigen Gebaren stecken, die zuvorderst erst einmal die schwachen und die egoistischen Menschen mitreißen können.

Öffnen wir unsere Seele vielmehr für die Freude, so wird sie in uns eintreten können – egal, wo wir sind, denn sie ist in unserem Herzen immer da. Deshalb sollten wir allzeit mit anstimmen: ein Hoch auf die Freude, die uns selbst erhöht. Ihr dürfen wir folgen.

„Ich bin" – Der Weg des Christus im Menschen

Die „Ich bin" - Qualität beziehungsweise das „Ich bin" - Bewusstsein ist der wesentlichste Ort, es ist der zentralste Punkt im Menschen, wo dieser ganz bei sich sein kann, wo er seine ureigenste Identität im Irdischen empfinden kann, in der er aber nicht mehr nur abgegrenzt, quasi im Leibe gefangen, sondern gerade verbunden ist mit allem, was um ihn und über ihm existiert. Zum Punkt gehört immer auch der Umkreis, zum Menschen-Ich gehört sein Schicksal und die umgebende Welt, so wie die Sonne in analoger Weise als Zentralgestirn unser ganzes Sonnensystem bis zum Tierkreis erhellt und erwärmt. Dieses „Ich bin" ist die Sonne im Menschen. Ich bin selbst eine Sonne, die mit allem um mich herum verbunden ist. Nur sind wir uns dessen zumeist noch nicht bewusst.

Im ersten Teil dieser Schrift mit dem Titel: Ich und Welt, hatte ich diese „Ich bin"-Ebene schon etwas näher charakterisiert, vor allem im Zusammenhang mit dem niederen und mit dem höheren Ich und deren Ausdrucksweisen. Hier soll nun eine meditative Betrachtung erfolgen, damit sich dieses „Ich bin" stärken und erweitern kann, so dass es tatsächlich sonnenhaft zu leuchten beginnt.

Der irdische Mensch im natürlichen Leben auf der Erde bemüht sich quasi von unten, um den Anschluss an die Reiche des Oberen beziehungsweise an die Himmel nicht zu verlieren. Hilfen kommen ihm daraufhin von diesen Reichen entgegen, so wie dies zum Beispiel im christlichen Kulturkreis durch die sieben Sakramente geschieht, die von oben, vom Geist, bis ganz nach unten, bis in den Leib des Menschen einwirken können. Hier nun möchte ich eine Zusammenstellung anführen, die diesen sakramentalen Weg mit den „Ich bin"-Qualitäten des Christus zusammenbringt, um damit in eine meditative Beschäftigung beziehungsweise in eine innere Berührung gelangen zu können.

Das erste Sakrament, die Taufe, sie entspricht im Menschen der Ebene des Wurzel-Chakras, wo es um eine gesunde Beziehung zu und mit den Elementen der Erde geht. Die Taufe heißt die Menschenseele im Irdischen willkommen und zeigt auf oder weist darauf hin, dass auch hier der Christusgeist anwesend und tragend ist. „Ich bin der Weinstock und ihr seid die Reben".

Somit können wir uns im Irdischen nie mehr ganz verlieren, denn wir sind auch auf der Erde, also auch in unserem Leib geistig, durch und in unserem „Ich bin", mit dem großen Ich, mit dem Welten-Ich verbunden.

Die Konfirmation begleitet den heranwachsenden Menschen durch die Wandlungen und Stürme der frühen Jugendzeit beziehungsweise durch die Geschlechtsreife hindurch. Das Sakral-Chakra steht für das Erwachen der sexuell-erotischen Energien und der Kommunikation mit dem anderen Geschlecht.

„Ich bin der gute Hirte".

In diesem Ich findet der Mensch eine Führung und einen Halt.

Das Sakrament der Buße und Beichte zeigt nun im Weiteren auf, dass der werdende Mensch immer mehr für seine Handlungen selbst verantwortlich wird. „Was du säst, das wirst du ernten". Das Solar-Plexus-Chakra im Menschen ist der Bereich, wo seelische Möglichkeiten und Mündigkeiten und damit bestimmte karmische Verbindungen erwachen, das heißt, zu wirken beginnen. Man verliebt sich, sucht die persönliche Nähe zu Gleichgesinnten und entwickelt in dieser Zeit eigene Fähigkeiten und Talente. Aber auch zahlreiche Anfechtungen und Grenzerfahrungen, eben neue Bereiche des Lebens locken den jungen Menschen, um auszuloten: was kann ich, was darf ich und wo werden mir Grenzen gesteckt.

„Ich bin der Weg, die Wahrheit und das Leben".

Jeder muss hier selbst herausfinden, was für ihn wahr ist, wo er ehrlichen Herzens mit sich im Einklang ist oder wo er nur die Umwelt nachlebt. Im „Ich bin" des Christus finden wir eine absolute Authentizität, Ehrlichkeit und Echtheit, wie natürlich auch im Leben des Jesus von Nazareth. Hier ist ein echtes Vorbild, ein wahres Idol.

Das Herz-Chakra, ja, von diesem wird alles gespeist, was im Menschen wirklich von Wert ist. Hier kann der Mensch erwachsen werden, denn hier findet er sein Zentrum, sein „Ich bin". Davon kann er ausgehen, sich verströmen und verschenken in die Welt. Hier ist der Quell, an und in dem wir immer wieder neue Nahrung finden. Das Sakrament des Abendmahls zeigt deutlich an, wie der Mensch an einer Speisung teilnehmen kann, die Kräfte des Himmels verabreicht, um in der Welt segensvoll wirken zu können. „Ich bin das Brot des Lebens".

Allein mit irdischen Kräften zu leben, würde den Menschen abschließen vom kosmischen Geist. Das Abendmahl stärkt den Menschen durch eine geistige Nahrung bis in die Seele und den Leib hinein.

Das Sakrament der Ehe spendet der ehelichen Gemeinschaft geistige Kräfte, wenn Männer und Frauen, wenn sich die Eheleute im Irdischen mit dem Himmel vereinen wollen. Nicht zum Selbstzweck oder zu romantischen Gefühlen ist die Ehe da, sondern um ein gemeinsames Wachsen zu ermöglichen, das den Menschen über sich selbst hinaus, zum Du und weiter zum großen, zum kosmischen Du erheben kann. Im Hals-Chakra ist der Bereich im Menschen, wo dieser einen „Standpunkt" finden kann, der ihn mit der Mitwelt und mit dem All verbindet.

„Ich bin die Tür".

Das Menschheits-Ich, in dem letztlich alle menschlichen Iche urständen, vermag es, die Menschen in ihrem innersten Wesen miteinander zu verbinden. Dadurch brauchen wir uns nicht mehr in einer Vereinzelung und Isolation verlieren.

Das Sakrament der Priesterweihe deutet hin auf das Stirn-Chakra, wo sich der Mensch ganz bewusst und ichhaft dem höheren Leben weiht. Dieses höhere Leben will der Priester auf die Erde, zu den Menschen tragen. Jeder kann dadurch auf seinem Gebiet zum Priester werden.

„Ich bin das Licht der Welt".

In dieser Licht-Qualität des Ichs werden wir alle selbst zum Priester, denn Christus ist sozusagen der Oberpriester für uns. Sein Licht in uns, in unserem Ich, macht uns selbst lichter und weisheitsvoller.

Und schließlich das Scheitelchakra, das die Öffnung zum Himmel bewirkt. Im Sakrament der Ölung wird der Übergang zur jenseitigen Welt geweiht. Der Tod hat dadurch seine Macht verloren. Er wird zum Durchgang in das neue Leben.

Eine Initiation beziehungsweise eine Einweihung in die Reiche des Geistes, sie deutet hin auf die Öffnung und damit auf das Leben in zwei Welten, wenn der Zugang in die geistige Welt schon im Irdischen, während des Lebens errungen wird.

„Ich bin die Auferstehung und das Leben".

Im Ich des Christus findet der Schüler auf dem Einweihungsweg die Kraft und das Leben für das Erreichen dieser neuen Welt.

Dies in aller Kürze, wie ein biographisches Leben so mit der Christuskraft durchtränkt werden darf, damit daraus Gesundheit, Wachstum und ein Heil erstehen kann.

Nun ist aber der sakramentale Weg nicht der einzige, der uns helfen und führen will, obwohl er für viele Menschen sehr wichtig und stärkend ist.

Ein weiterer Weg ist der des Gebetes und zwar des „Vater unser", das in seiner Struktur oben, im Himmel beginnt und bis in die Tiefen des Seelischen und des Leiblichen hineinreicht. Hier besteht also ein Hilfe von oben, die weit nach unten, bis in die untersinnlichen Reiche des Dunklen und Bösen wirkt. Ich beschreibe dieses Gebet hier im Zusammenhang mit den Chakren, man kann auch die Wesensglieder des Menschen hinzunehmen. Dabei können sich jedoch verschiedene Zuordnungen ergeben.

„Vater unser, der Du bist in den Himmeln

7. Chakra:	Geheiliget werde Dein Name	Geistselbst
6. Chakra:	Dein Reich komme zu uns	Lebensgeist
5. Chakra:	Dein Wille geschehe, wie oben in den Himmeln, also auch auf Erden	Geistesmensch
1. Chakra:	Unser tägliches Brot gib uns heute	Physischer Leib
2. Chakra:	Und vergib uns unsere Schulden, wie wir vergeben unseren Schuldigern	Ätherleib

3. Chakra: Und führe uns nicht in Versuchung   Astralleib

4. Chakra: sondern erlöse uns von dem Bösen   Ich

Denn Dein ist das Reich und die Kraft und
die Herrlichkeit – in Ewigkeit – Amen"

Dieses Gebet hilft, von unserem kleinen Ich, von unserem Eigenwillen loszukommen und sich dem hohen Ich, dem Göttlichen anvertrauen zu lernen. Der Begriff: Versuchung im üblichen Gebet
kann auch durch: ewige Drangsal übersetzt werden, so wie dies
Arthur Schult in einem Buch (siehe Literaturverzeichnis) geleistet hat und das mir inhaltlich auch richtiger und wesentlicher erscheint, da es ja nicht Gott selbst ist, der uns versucht.
Die Chakren-Zuordnungen können ebenfalls verschieden dargestellt werden, denn man kann auch einfach von oben nach unten,
also von Chakra 7 bis Chakra 1 „runterbeten". Da muss wohl
jeder selbst ergründen, was für ihn am Passendsten ist. Ich habe
hier die Version gewählt, wo uns das Böse direkt im Herzen, also
im Ich angreift und die Bitte um das tägliche Brot dem Wurzel-
Chakra beziehungsweise dem physischen Leib zugeordnet ist.
Die Mitte zwischen dem Niederen im Menschen, wie dem gefallenen Ego beziehungsweise dem „Ich will" und dem hohen Selbst
ist das Sonnen-Ich, das „Ich bin". Dieses dürfen wir auf einem
spirituellen Schulungsweg stärken, wobei wir in diesem Fall oben,
also bei den oberen Chakren beginnen müssen, denn der westliche
Schulungsweg, der auf einem freien Ich aufbauen sollte, will und
soll dieses Ich bewusst ergreifen und fördern und damit nach und
nach bis in seelische, ätherische und leibliche Bereiche eindringen, um diese wandeln und veredeln zu können. Dabei kann uns
auch der christliche Jahreslauf helfen.
Ostern ist das Fest, das die tiefste Bedeutung im Christentum hat,
denn ohne die Auferstehung, ohne eine neue Leiblichkeit für den
Menschen, wäre das Christentum nichts Außergewöhnliches in
den spirituellen und religiösen Strömungen innerhalb der Geistesgeschichte der Menschheit.

Hier nun verbinde ich die Chakren mit den „Ich bin" - Worten und den christlichen Jahresfesten. Damit kann man eine Meditation durchführen, das heißt, man darf diese Inhalte immer wieder rhythmisch wiederholen, denn erst in der Wiederholung prägt sich das Meditierte in die tieferen Schichten des menschlichen Wesens ein.
Dies soll hier aber nur in Stichworten geschehen. Sicherlich können noch entsprechende Farben, Töne oder Symbole hinzugenommen werden, so wie ich dies in früheren Schriften beschrieben hatte und wie ich es anschließend in einer nächsten Darstellung zusammenfassend aufzeigen will.

Chakra	Ich bin - Wort	Jahresfest
7	Ich bin die Auferstehung und das Leben	Ostern (Raphael)
6	Ich bin das Licht der Welt	Himmelfahrt
5	Ich bin der gute Hirte	Pfingsten
4	Ich bin die Tür	Johanni (Uriel)
3	Ich bin der Weg, die Wahrheit und das Leben	Michaeli (Michael)
2	Ich bin das Brot des Lebens	Weihnacht – die heiligen Nächte (Gabriel)
1	Ich bin der Weinstock und ihr seid die Reben	Epiphanias

Wie hier gesehen werden kann, verändern sich beim Weg von oben nach unten im Verhältnis zum sakramentalen Weg einige Zuordnungen der Ich bin-Worte. Auf dem individuellen Einweihungsweg, der hier dargestellt ist, wird das Herz zur Tür. Durch diese Türe dürfen wir eintreten in die Tiefen und in die Höhen, wenn sich das menschliche Ich mit der Christuskraft im Ich verbunden hat. Dies wird möglich, wenn sich das menschliche, das irdische Ich nicht vor den Geist beziehungsweise nicht vor und über das hohe Ich stellen will. Es muss stattdessen empfangend und tragend werden für das Hohe. Es darf sich folglich uneigennützig und selbstlos durchströmen lassen von diesen „Ich bin"-Qualitäten.

Die Liebe-Qualitäten, die sich in diesen „Ich bin"-Worten aussprechen, dürfen wir in unser Ich aufnehmen, wir dürfen darin Gottes Liebe spüren lernen. Und wir dürfen einen Raum schaffen dafür – im Ich und in der Seele. Seine Liebe und Kraft wird allmählich so stark in uns, dass wir damit wiederum Gott lieben und zudem alle Menschen in diese Liebe einschließen können. Doch wir verlieren oder vergessen uns dabei nicht mehr selbst, denn wir bleiben durch eine Ich-Meditation natürlich auch in uns stark, bewusst und zentriert. Dadurch beruht ja jegliche Vorgehensweise auf einer freien Entscheidung. Ich meditiere, weil ich das so will! Dies ist eine Grundvoraussetzung, die mich letztlich dazu befähigt, dem Göttlichen gegenübertreten zu können. Kein Verschmelzen oder sich Auflösen ist daher mehr angesagt.

Wir sollen uns dem Höheren hingeben lernen, um es empfangen zu können; wir dürfen uns davon durchströmen lassen und wir dürfen wiederum ausströmen und zurückströmen, auch zum Göttlichen hin. So geschieht schließlich eine Begegnung von Angesicht zu Angesicht, von Ich zu Ich und von Liebe zu Liebe.

Zunächst sehr klein und bescheiden. Je mehr wir uns aber mit diesen Ich-Qualitäten, mit der Liebe und Kraft Gottes erfüllen, um so mehr können wir auch zurückstrahlen, zu Ihm und hin zur Welt. Dies ist die Quintessenz einer christlichen Geistesschulung.

Um diesem Ansinnen etwas näher kommen zu können, stehen uns grundsätzlich sieben Tore oder Ebenen zur Verfügung, die ich hier zusammenfassend noch erwähne. Darin sind alle Glieder des Menschen eingeschlossen, die uns bekannten und entwickelten, nämlich der physische Leib, der Ätherleib, der Astralleib und das Ich, bei und in denen wir zunächst beginnen wollen, um uns darüber allmählich hin-entwickeln zu lernen zu den höheren Gliedern eines Menschseins, nämlich zum Geistselbst (Manas), zum Lebensgeist (Buddhi) und zum Geistesmenschen (Atman) und damit zu den höheren Bewusstseins-Qualitäten der Imagination, Inspiration und Intuition, die daraus erstehen.

Die Schlüssel zum Öffnen dieser Tore beziehungsweise zu einer Stärkung dieser Ebenen können die Ich bin-Worte, bestimmte Sprüche und Mantren, Farben, Tugenden, Symbole und Gebete sein. Hier nun eine Zusammenstellung, die einer meditativen Betrachtung dienen soll. Dabei habe ich hier die Gebets-Worte genau in der Reihenfolge der Chakren angeführt. Wie gesagt, kann hier jeder selbst schauen, was für ihn stimmig ist. Es soll ja kein spiritueller Dogmatismus entstehen.

Chakra	Farbe	Symbol	Ich bin Wort	Tugend	Seins-Bereich
<u>Scheitel</u>	violett, weißes Licht	der Stern, das rosenfarbene Blut	Ich bin die Auferstehung und das Leben	Liebe, Andacht, Hingabe, Stille	höheres Ich, göttliche Welt, Erleuchtung

Gebet: Geheiliget werde dein Name

| <u>Stirn</u> | blau bis violett | Dreieck, Taube | Ich bin das Licht der Welt | Gedankenkontrolle, Weisheitsstreben | Engelreiche, Führung, geistiges Schauen |

Gebet: Dein Reich komme

| <u>Hals</u> | hellblau | Achteck, der Name | Ich bin der gute Hirte | Positivität, 8-gliedriger Pfad, der höhere Wille | Sprache, Laute, Priesterwirken, Begegnung, Kunst, Wandlung des Ego |

Gebet: Dein Wille geschehe...

| <u>Herz</u> | leuchtend grün | Schale, Sonne, Sechsstern | Ich bin die Tür | inneres Gleichgewicht, Ordnung, Gleichmut | elementarische Welt, Naturreiche, Mitmenschen, Aura sehen, Heilung |

Gebet: Unser alltägliches Brot gib uns heute

103

Chakra	Farbe	Symbol	Wort	Tugend	Seins-Bereich
Solar- Plexus	gelb	Schwert Fünfstern	Ich bin der Weg, die Wahrheit und das Leben	Gefühlskontrolle Ernst, Disziplin, Unbefangen- heit, Ver- ständnis und Toleranz	Astralwelt, Unter- scheidungs- kraft, Analyse, Emotionen und Gefühle

Gebet: Und vergib uns unsere Schulden, wie wir vergeben
unseren Schuldigern

Chakra	Farbe	Symbol	Wort	Tugend	Seins-Bereich
Hara	orange	Stein, Kristall, (Münze)	Ich bin das Brot des Lebens	Duldsamkeit, Geduld, Ausdauer, Treue	Ätherwelt, Lebenskraft

Gebet: Und führe uns nicht in Versuchung

Chakra	Farbe	Symbol	Wort	Tugend	Seins-Bereich
Wurzel	rot	Speer, Stab	Ich bin der Weinstock und ihr seid die Reben	Willenskontrolle, Barmherzigkeit Güte	phys. Welt, Erdkraft, freier Wille

Gebet: Und erlöse uns von dem Bösen
Denn dein ist das Reich und die Kraft und die
Herrlichkeit, in Ewigkeit - Amen

Wie in einem vorigen Kapitel besprochen, können diese sieben
Tore meditativ zusammengefasst werden in einer Dreiheit, durch
die wir in verschiedene Bereiche des geistigen Seins eintreten lernen, nämlich im Sternentor, im Sonnentor und im Mondentor. Das
göttliche Licht im Hauptesbereich, die Christus-Liebe in der
Herzens-Mitte und das ewige Leben von unten, sie können zusam-
mengenommen und in imaginativen Übungen als ein Ausdruck
des vergöttlichten Menschen dargestellt werden.
Die folgende Abbildung möge diesen Sachverhalt in einer einfachen Weise darstellen, die für eine Meditation verwendet
werden kann. Im Haupt das Licht, im Herzen die Liebe und Im
Bauch das Leben, so durchdringt das göttliche Sein uns ganz.

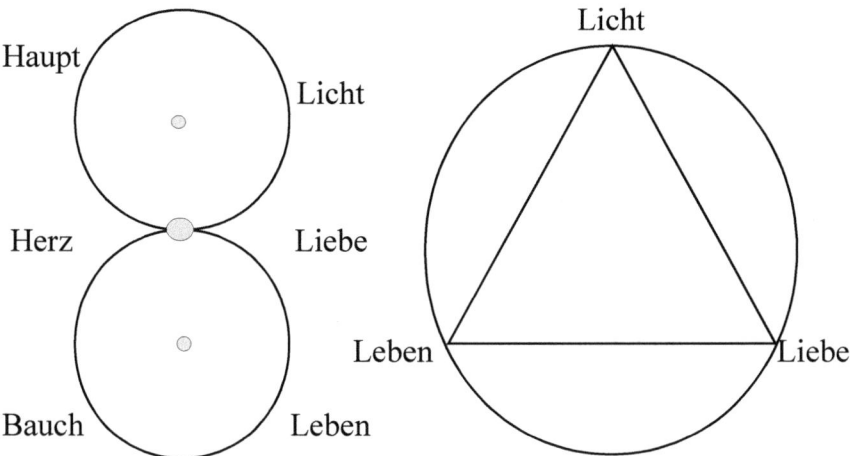

Dazu lassen sich Symbole finden, die in der Geistesgeschichte an manchen Orten aufgetaucht sind:

Das Sternentor – die blaue Blume
das Sonnentor – Kreuz und Rose
das Mondentor – die rote Blume

Ecce homo – siehe der Mensch

Allein das Üben, Meditieren und Raunen dieser Worte oder das Imaginieren der entsprechenden Symbole zu den Worten hinzu und dies immer wieder, lässt allmählich diesen neuen Menschen in uns erstehen. Eine neuer Mensch, ein lichter, liebender und unzerstörbar-lebendiger Mensch ist das Ziel einer christlichen Geistesschulung, der wir uns in Freiheit und mit fortdauernder Übung zuwenden und widmen dürfen.

Bewusstseins-Arbeit

Sein und bewusstes Sein. Natürlicherweise gibt es viele Ebenen und Ausdrucksweisen des Seins. So lassen sich auch entsprechend viele Facetten des Bewusstseins finden, die hier aber sicherlich nicht alle angeführt werden können.

Man kann zunächst nur einmal die Frage stellen: Bin ich Bewusstsein oder habe ich ein Bewusstsein? Ohne Bewusstsein kann ich natürlich nicht Mensch sein im heutigen Sinne mit einem ausgeprägten Selbstbewusstsein. Dieses entsteht, wenn ich mir selbst und damit meiner Persönlichkeit beziehungsweise meines Ichs bewusst werde und zwar durch eine Reflexion im wachen und sich selbst beobachtenden Bewusstsein. Das Bewusstsein erlaubt mir also, nicht nur der Außenwelt wach und reflektierend gegenüber zu treten, sondern auch meinem Innenleben, meinem Wesenskern und Ich.

Wissenschaftlich gesehen kann eine Veränderung des Bewusstseins auf der Erde beziehungsweise in der Erd-Entwicklung festgestellt werden, nämlich von der Pflanze zum Tier und zum Menschen. Die Pflanze schläft, das Tier träumt und der Mensch ist wach in seinem Gegenstands-Bewusstsein. Dazu trägt vor allem auch das Gedächtnis und das Erinnerungsvermögen bei. Im Schlaf und im Vergessen erlöschen diese bekanntlich ja.

Aber auch im menschlichen Leben selbst kann sich eine Bewusstseinsentwicklung vollziehen. Vom Kind zum Jugendlichen und weiter zum Erwachsenen bis zum alten Menschen hin, ändert sich zum Beispiel das Gedächtnisvermögen, das Selbstbewusstsein und natürlich auch ein Bewusstsein für schädigende, nützliche und fördernde Dinge des menschlichen Lebens. Fragen der Gesundheit, der Ernährung, der Bildung und Kultur, der Wissenschaft und der sozialen Frage, wie auch vieler Umweltproblematiken werden im Laufe einer Bewusstseinsentwicklung immer wichtiger. So sollte es zumindest sein.

Das Bewusstsein, es bildet sich, es erweitert und verändert sich an den Gegebenheiten der Welt. Dadurch ändert sich auch die persönliche Reife und damit der ganze Mensch, wenn das bewusst Erkannte auch in die Lebenspraxis umgesetzt wird. Das Bewusstsein ist also ganz elementar mit der menschlichen Entwicklung verknüpft. Somit habe ich ein Bewusstsein, jedoch, ich bin auch geprägt von meinem Bewusstsein. Ich bin der ich bin, weil ich ein Bewusstsein davon habe, von mir, von meinem Körper, meinem Charakter, meinen Fähigkeiten, Talenten, Mängeln und Wachstumsmöglichkeiten. Aber auch das prägt mich natürlich, was in meinem Unterbewusstsein schlummert, was in mir ist und mir noch nicht wirklich bewusst geworden ist. Das ist ja gerade unsere Aufgabe, dass wir so viel wie möglich in unserem Leben mit wachem Bewusstsein und einem Erkennen durchdringen und es allmählich so verwandeln, damit es unseren selbstgesteckten Zielen und Idealen entsprechen kann.

Hier nun möchte ich einen Bewusstseinsweg schildern, nämlich von einem einfachen, alltäglichen Gegenstandsbewusstsein hin zu einem erweiterten, allumfassenden Bewusstsein, von dem man sich in unserer Zeit zumeist nur ein recht vages Verständnis ausbilden kann, das also erst in ferner Zukunft von einer größeren Anzahl an Menschen zu erreichen sein wird, aber durchaus auch heute schon vorbereitet und veranlagt werden darf.

Nun, unser Bewusstsein entsteht zunächst dadurch, dass wir unsere Aufmerksamkeit irgendwo hin-richten. Zum Beispiel entsteht das Körperbewusstsein, wenn wir Füße, Hände, Kopf, Beine bis hin zum ganzen Körper wahrnehmen. Ich nehme als Beispiel meine Füße als kalt wahr. So werde ich durch das Bewusstsein der Wahrnehmung unseres Sinnesvermögens, hier also durch die Wahrnehmung der kalten Füße aufgerufen, dazu die entsprechenden Erkenntnisse beziehungsweise Urteile zu schließen. Daraus folgt normalerweise eine konsequente Handlung. Das Bewusstsein ruft also zu einer Interaktion mit dem betreffenden Wahrnehmungsinhalt auf.

Eine Wahrnehmung muss ich folglich erweitern beziehungsweise ergänzen, in dem sie mit einem Begriff, einer Vorstellung oder einem Urteil belegt wird. Als einfaches Beispiel: Ich sehe einen Baum; darauf folgt das Wahrnehmungsurteil: dies ist ein Baum.

Wir können uns ja alle eine Vorstellung von einem Baum bilden, zum Beispiel ich von dem, der in meinem Garten steht. Der Begriff Baum gilt jedoch für alle Bäume, er steht quasi für die Gattung Baum. Ein konkreter, einzelner Baum ist dagegen nur in der realen Wahrnehmung, also in der physischen Realität oder in meiner Vorstellung vorhanden. Der Gattungsbegriff ist dagegen rein im Denkleben zu finden, nicht in der „Realität". Doch ist ein Begriff nicht auch etwas Reales?

Gewiss, wir können auch davon ein Bewusstsein bekommen, denn unser Bewusstsein ist nicht beschränkt auf die sinnliche Wahrnehmung. Es kann sich auf viele Bereiche der Welt und des Menschen erstrecken: auf die Körperlichkeit, auf die Umwelt, auf die Gefühle und das Seelenleben, auf das Denkleben, auf zwischenmenschliche und soziale Bande, auf innere Dimensionen wie die Religiosität und die Gedankenarbeit. Es kann aber auch in unterbewusste Bereiche wie in das Traumleben, in den Schlaf, sowie in sogenannten „Seelenreisen" in das kollektive Unterbewusstsein eintauchen oder in Bereiche, die über das intellektuelle Verstandesbewusstsein hinausreichen, wie in die elementarischen Naturreiche oder in geistig-spirituelle Welten, sowie ins Jenseits hinein, was aber einer Wahrnehmungs- und Bewusstseinserweiterung bedarf.

Unser Sinnesbewusstsein ist ja begrenzt auf die physische Welt. Neue Sinne, das heißt, neue Wahrnehmungsmöglichkeiten bedarf es, um ein Bewusstsein der höheren Welten erringen zu können. Im physikalisch-technischen Bereich werden erweiterte Wahrnehmungen von technischen Geräten übernommen, womit man aber nur physikalische und untersinnliche Größen, das heißt, sehr kleine Entitäten und messbare Eigenschaften erfassen kann. Das Übersinnliche kann aber nicht mit Geräten erfasst werden. Dazu muss der Mensch erweiterte beziehungsweise höhere Sinne in sich selbst ausbilden.

Doch wie gesagt, genügt es noch nicht, ein Bewusstsein beziehungsweise eine bewusste Wahrnehmung von etwas, also von einer Erscheinung zu haben, denn daraus sollen wir ja Erkenntnisse gewinnen. Sieht man zum Beispiel Jenseitswelten, heißt das noch lange nicht, dass wir diese einordnen und verstehen können.

Dazu gehört nämlich eine reiche Erfahrung und ein Finden der entsprechenden Begriffe für diese Welten, die zusammen erst die richtigen Erkenntnisse liefern.

Wollen wir also eine Bewusstseinserweiterung anstreben, so benötigen wir auf der einen Seite eine Verfeinerung und Steigerung der Wahrnehmungsmöglichkeiten, zum Beispiel durch das Erwecken und Ausbilden der Seelenaugen, der Chakren. Auf der anderen Seite benötigt eine Erkenntnis eben auch eine Erweiterung unseres Vorstellungs- und Begriffsvermögens. Somit ist auch eine Denk- und Begriffsschulung angesagt, denn erst, wenn eine Wahrnehmung einen passenden Begriff erhält, wird Erkenntnis und dann auch eine echte Urteilsbildung möglich sein.

Wie wird nun die Wahrnehmung und die Erkenntnis geschult, damit sich neue Bewusstseinsräume erschließen lassen?

Neue Wahrnehmungsqualitäten ergeben sich durch eine bewusste Chakrenarbeit, die deshalb in den vorigen Abschnitten angesprochen wurde, sowie durch ein intensives Erleben gewisser Natur- und Seelenprozesse, wie überhaupt einer Reinigung der Lebenskräfte im menschlichen Leib. Das vitale Leben muss fließen können, die energetischen Kanäle, die Nadis und Meridiane dürfen nicht verstopft oder blockiert sein. Eine Reinheit des Lebens, sowie der Seele ist daher anzustreben.

Eine Denkschulung muss sich von allzu festen Vorstellungen und Dogmen lösen können und zu erweiterten Begriffen hinführen. Wie gesagt, steht der Begriff Baum für alle Bäume. Jedoch verbinden praktisch gesehen die Menschen oftmals etwas anderes mit dem Begriff Baum, da jeder ganz eigene Erfahrungen mit Bäumen hat. Über Begriffe haben wir jedoch die Möglichkeit, uns miteinander zu verständigen, da eben der Begriff Baum für alle Bäume steht, egal ob Bonsai oder Mammutbaum. Und trotzdem bleibt ein Begriff irgendwie auch begrenzt, denn er umfasst und beschreibt nur das Allgemeine, nicht das Einzelne und Individuelle. Er ist wie ein Schatten einer Wirklichkeit, nichts Lebendiges, „Reales", das die Gesamtheit einer Erscheinung beschreiben kann. Der Begriff ist somit etwas Abstraktes, der zunächst nur im Gedanken, im Denkleben eine Wirklichkeit besitzt. Vom Begriff müssen wir also weitergehen, um ihn erweitern, um ihn mit seinem Ursprung, mit seiner eigentlichen Herkunft verbinden zu können.

Eine nächste und erweiterte Stufe des Begriffes ist dann das Prinzip. Jedem Ding beziehungsweise jeder Erscheinung liegt nämlich ein Prinzip zugrunde, nach dem diese funktionieren und das eben die Erscheinungen ausmacht. Man könnte auch sagen, das Prinzip enthält eine Gesetzmäßigkeit, wie zum Beispiel beim Baum, dass die Wurzeln sich in die Erde erstrecken, der Stamm nach oben in die Luft strebt, Zweige und Blätter sich zum Himmel hin entfalten und so weiter. Licht wird zu Blattgrün, wie dies überhaupt beim Prinzip des Pflanzenhaften geschieht.

Außergewöhnlich im Verhältnis zur allgemeinen Pflanze ist beim Baum der Stamm, das Holz. Er verbindet damit quasi die Erde und den Himmel und damit die Erdkräfte mit den Luft-, Licht- und Himmelskräften. Der Stamm wächst von Innen nach Außen, was wiederum die Jahresringe ergibt. Nur außen am Stamm, innerhalb der Rinde fließen die Säfte von unten nach oben. Das Eigentümliche bei Baumgewächsen ist wie gesagt im Vergleich zu anderen Pflanzen, das Entstehen von Holz. Daraufhin ist der „Organismus", ist das Prinzip des Baumes ausgerichtet.

Dieses Prinzip offenbart sich vor allem auch im jeweiligen Typus, also in den verschiedenen Pflanzenarten. Dadurch unterscheiden wir eben die einzelnen Pflanzenfamilien, einjährige, mehrjährige Pflanzen, Sträucher oder die verschiedenen Baumarten und so weiter. Immer aber wirken darin bestimmte Prinzipien, Gesetzmäßigkeiten und Typologien.

Die nächste Ebene wäre nun die einer Idee. Was ist dann die Idee eines Baumes?

Dadurch, dass der Baum Holz bildet, erhält er Standfestigkeit, Dauer, Stabilität und Größe. Er kann somit viele Früchte (Samen) tragen. Es wurde in früheren Wäldern zum Beispiel viel organischer Erdenstoff, zum Beispiel in den Kohlevorkommen gebildet. Die Idee des Baumes ist also erstens, sich selber stark zu halten und zweitens, durch seine Existenz vielen anderen Lebewesen Schutz, Nahrung und Rohstoffe zu schenken.

Damit können wir schließlich von der Idee zum Wesen eines

Baumes gelangen. Es muss folglich ein selbstloses Wesen sein, das sich verschenken kann und es muss etwas Starkes, etwas Verbindendes und etwas Zeichenhaftes innehaben. Denn der Baum ist für viele ein Symbol des Lebens. Das Wachsen in den Jahresringen, wie auch das Schützende und das Nährende entspricht seinem lebensvollen Wesen, aber auch etwas Liebendes, Ruhiges und Weisheitsvolles geht von manchen Bäumen aus. Sie sind Herberge vieler Tiere und Naturgeister, die den Geist einer Landschaft prägen und mitbestimmen.

Bewegen wir uns so oder in ähnlicher Weise vom toten Begriff zu einem Verständnis des Wesenhaften, erhält der Begriff Baum eine große Erweiterung. Somit können mit dieser Vorgehensweise alle Begriffe erweitert werden. Vom Begriff zum Prinzip, zur Idee und zum Wesen geht der denkerische Weg des Erkennens. Nicht nur sinnliche Erscheinungen dürfen dabei in Erwägung gezogen werden, sondern in einem spirituellen Sinne natürlich auch die sinnlichkeitsfreien Begriffe wie Liebe, Freude, Friede, ja selbst der Begriff Gott kann dadurch wesenhaft durchdrungen werden.

Eine Meditation eines Begriffes kann uns somit zum Wesen dieses Begriffes hinführen und dies nicht nur gedanklich, denn mit andauernder Übung können wir dadurch Wesenhaftes wahrnehmen, fühlen, schauen oder ein Darinnen-sein erleben. Zunächst in der Intuition, man spürt etwas, man wird innerlich berührt von etwas, man bekommt ein Bewusstsein von etwas, das wir sonst, mit unseren normalen physischen Sinnen nicht wahrnehmen. Dieses Bewusstsein wird eben nicht mehr nur durch die Körpersinne angeregt – neue Sinne bilden sich, erst sehr zart, aber mit fortdauernder Übung wird der ganze Mensch davon berührt und verwandelt werden. Die Seele wird gewahr, dass das Wesenhafte auch im eigenen Inneren, in einem erweiterten Denken und Fühlen gefunden werden kann, das sich nicht mehr getrennt empfindet von den Erscheinungen der Welt.

Die Welt, sie ist ehemals erstanden aus den Ordnungen des kosmischen Geistes, aus den Ideen, Prinzipien und den Gesetzen des Alls. Diese sind der Welt und dem Menschen immanent, das heißt einwohnend. Sie verbergen sich in den Erscheinungen und wollen vom Menschen erkannt und damit schließlich auch befreit werden. Das Weltenwort, der Logos, der schöpferische Geist wohnt und schafft in allem: als Wesen, als Idee, als Prinzip und schließlich im Begriff beziehungsweise auch in den Vorstellungen, die sich der Mensch von den Erscheinungen dieser Welt bilden kann.

Im erkennenden Menschen wird sich demzufolge die Welt, die Schöpfung ihrer selbst bewusst. Erweitern wir unser Gegenstandsbewusstsein, das zunächst am Äußeren haftet, hin zu einer imaginativen, inspirativen und intuitiven Erkenntnis, wodurch wir das Wesenhafte schauen, hören und erleben können, uns mit diesem erst wirklich verbunden fühlen, so gelangen wir allmählich zu einer Bewusstheit hin, die alles Sein umfasst. Denn nicht nur irdische Erscheinungen und Phänomene können, wie vorher gesagt, auf diesem Wege wesenhaft durchdrungen werden, sondern auch Begriffe, die sinnlichkeitsfrei erscheinen, das heißt, die rein im Geistigen oder Seelischen verbleiben, wie der Friede, die Liebe, die Wahrheit, die Gerechtigkeit, die Hoffnung und so weiter. Was oder wer ist deren Idee und Wesen?

Darüber zu meditieren und die Inhalte dieser Begriffe in ihre Ursprünglichkeit hinein mit zu verfolgen, mit zu erleben und sie dadurch zu verwandeln, verbindet den Menschen mit dem „Grund der Welt". Ein kosmisches Bewusstsein, ein Allbewusstsein erkennt die tiefsten Fragen, Kräfte und Wesen, die die Welt zusammenhalten, denn es kann die menschliche Seele weiten, weit über ihr begrenztes Sinnesbewusstsein hinaus. Die Seele wird in dieser Weise eins mit allem. Das Wesen eines Baumes, das Wesen der Sonne, das Wesen des Menschen, das Wesen der Liebe – sie gründen im Wesen der Welt, in Gott.

Dahin dürfen wir unser Bewusstsein ausdehnen. Keine Grenzen im Käfig des heutigen Verstandesbewusstseins sollen uns davon abhalten, weiter und immer weiter zu streben.

Wollen wir von der Idee zum Leben und damit zum Wesen einer Sache vordringen, kann dies der reflektierende Verstand alleine nicht mehr erreichen. Beginnen wir die Welten der Ideen jedoch zu lieben, so wird diese Liebe zu Toren für das Wesenhafte. Denn dieses sieht man vor allem mit dem Herzen und durch das Herz.

Daher soll gerade auch in heutiger Zeit ein Herzens-Bewusstsein heranreifen, das sich in alles hineindenken und hineinfühlen kann. Goethe nannte dieses Vermögen eine anschauende Urteilskraft. Mit Wachheit und Bewusstheit, mit Konzentration, in Hingabe und mit ganzer Liebe, Dinge und Ideen betrachten zu lernen, bis sie selbst ihr Wesen aussprechen und offenbaren, das ist der Weg, der die Menschheit aus einer einseitigen und intellektuellen Kopf-Arbeit befreien kann. Goethe fand so zum Beispiel die Urpflanze, seine Metamorphosenlehre, seine Farbenlehre und einiges mehr.

Nähern wir uns dem Wesenhaften, so werden wir gesund an Leib und Seele, denn dann können wir gar nicht anders, als uns in einem Zusammenklang, folglich in der Einheit mit dem Himmel und mit der Erde weiter zu entwickeln. Um also die Probleme des Menschen und der Welt lösen zu können, braucht es ein neues, ein erweitertes Bewusstsein, das bis zu den Gründen und Wurzeln der vielfältigsten Erscheinungen und Wirkenskräfte hinreichen kann.

Vom Körper- zu einem Seelenbewusstsein, da hat uns die Medizin und die Psychologie schon recht weit gebracht. Seit einigen Jahrhunderten erforscht die Naturwissenschaft das Leibliche des Menschen, die Psychologie seit circa 100 Jahren das Seelische. Die Erforschung der Bewusstseinstätigkeiten und -möglichkeiten, also die Erforschung des menschlichen Geistes, sie steckt in unserer heutigen Zeit erst noch am Anfang, da wird die weitere Zukunft noch zahlreiche Neuigkeiten hervorbringen. Sicher, es gab einen Rudolf Steiner und andere, die auf diesem Gebiet schon sehr weit vorgeschritten sind, doch die offizielle Wissenschaft bemüht sich meistens immer noch über das Leibliche, sprich über das Gehirn, Antworten zu den Bewusstseinsmöglichkeiten finden zu können.

Ein Geistbewusstsein zu ergründen, das nicht nur vom Leiblichen ausgeht, sondern in sich selbst Kräfte findet, die auch unabhängig vom Leibe agieren können, ist jedoch eine schicksalsbestimmende Aufgabe - auch schon in heutiger Zeit. Über die Gehirnforschung nähert sich die Menschheit allmählich der Frage: Was ist das Bewusstsein, von wem oder was geht es aus? Ist es ein Resultat biochemischer Prozesse im Gehirn oder ist es eine Geistestätigkeit beziehungsweise eine Spiegelung der geistigen Tätigkeit, die in der Seele und im physischen Leib nur ihren entsprechenden biologischen Niederschlag findet?

Diese Frage kann letztlich jeder nur für sich selbst beantworten, nämlich, in dem er erlebt, wie das Bewusstsein entsteht und wie es verändert werden kann durch des Menschen Seelenentwicklung, also durch ein bewusstes Erweitern unseres Denkens, Fühlens und Wollens. Nicht mehr ein abgekapseltes und subjektives Eigensein und Empfinden kann hier eine Erweiterung herbeiführen, auch nicht nur ein objektives und abstraktes Forschen in einem kalten, wissenschaftlichen Sinne. Viel eher ist ein reines Denken, ein reines Fühlen und ein reines, das heißt, ein selbstloses Wollen anzustreben, denn mit solch einem reinen Denken, Fühlen und Wollen können wir uns den göttlichen Attributen von Licht, Liebe und Leben öffnen und nähern und damit versuchen, diese immer mehr in unserem Leben zu verankern. Dadurch erweitert sich die Seele – hin zu objektiven und inneren Erscheinungen der natürlichen Lebenswelt, zu seelischen Erweiterungen und zu übersinnlichen Wesen, die sich in einem reinen Denken, Fühlen und Wollen aussprechen und offenbaren können. Das Ich, der Geist im Menschen, wird dabei zum stillen Beobachter und dies vor allem, wenn der Mensch gelernt hat, von sich selbst Abstand zu nehmen und nur das Wesenhafte allen Seins sprechen zu lassen. Und dies natürlich auch im Verhältnis beziehungsweise in der Beziehung mit und zu seinem eigenen Wesen, zu seinem höheren Selbst. Erleben wir dieses in unserem Bewusstsein, werden wir uns dieses höheren Ichs bewusst, so erleben wir uns eins mit uns selbst, das heißt, nicht mehr allein, nicht mehr isoliert von der Welt, also auch nicht mehr nur subjektiv und eigen.

Das Selbst ist Teil des großen Ganzen – ein Funke aus Gottes großem Geist. Es urständet in Gott, doch es will in uns, in unserem Herzen einwohnen.

Normalerweise leben wir meistens und dies mehr oder weniger in einem Oberflächenbewusstsein. Ein erweitertes Tiefen- und Weitenbewusstsein fehlt zumeist. Die Weite führt in und über die Welt, über die Begegnungen und Beziehungen mit den Mitmenschen und weiter über die Naturzusammenhänge der Erde in den weiten Kosmos hinaus, zu den Sternenwelten bis in ein kosmisches Bewusstsein, bis zum hohen Ich, das dieses in sich trägt. Die Tiefe offenbart und zeigt in uns und da vor allem in unserem Seeleninneren das Traumhafte und Unterbewusste, also auch die Schatten- und die Jenseitswelten.

Die Weite beziehungsweise das „Weiten-Bewusstsein" dehnt sich aus und zwar über die Welt der Elemente, über die Naturkräfte und die Ätherwelten bis hin zum kosmischen Buddhi oder Lebensgeist. Hier erfährt die Seele die Inspiration, das Tönen der Welt, die Sphärenharmonien und zwar durch das Herzens-Sonnentor, wenn zukünftig der Mensch sein Herz immer mehr weiten, die Welt umfangen und damit alles mit Liebe umfassen kann.

Die Tiefe beziehungsweise das „Tiefen-Bewusstsein", das in seelische Untergründe einzutauchen vermag, es führt zu einem „Bildschauen", zu Imaginationen des Seelenwesens und zwar durch das Mondentor, das heißt, wenn wir durch das Mondentor durch ein erweitertes Denken, Fühlen und Wollen innerlich wach und bewusst in diese seelischen Gründe eintreten lernen.

Die Höhe, die geistige Welt, die Welt der Hierarchien bis hin zu Gott, auch sie ist innen, im inneren Sein, wenn die Seele sich erhebt, über sich selbst hinaus, durch das Sternentor, wenn sie den Eigenwillen opfert und eins werden kann mit allem, drinnen sein kann in allem, dann erfährt sie sich im Weltenwillen durch eine Intuition, durch ein Einsein mit dem großen Sein.

Oben und unten, wie auch innen und außen miteinander verbunden, also der das Ganze umfassende Kreis und der Punkt darin, damit den Himmel und die Erde, den Geist und den Leib umfassend, sowie die Höhe, die Tiefe und die Weite, wenn alles dies sich harmonisch vereint, ja, dann bildet sich auch in uns die Auferstehungskraft, die alles Sein durchwirkt.

Ein neuer Raum ersteht, der nicht mehr begrenzt ist und keiner Zeit mehr unterliegt und doch darin einwirken kann. Alles ist da, hier und jetzt, im Allbewusstsein, im Gottesbewusstsein. Dieses kann in den Menschen einziehen, ihn durchdringen, wenn sich der Mensch erhebt zur Höhe, zur Tiefe, zur Weite – zu Gott. Gott im Menschen, der Mensch in Gott - wahrer Mensch und wahrer Gott.

Das Gottesbewusstsein und das Menschen-Selbstbewusstsein, sie dürfen einmal zusammenkommen. Keine Auflösung des menschlichen Ichs ist dafür mehr verlangt, denn im Ich ersteht der Gottesfunke, wenn dieser Gottesgeist durch das sich selbstbestimmende Ich gewollt und angenommen wird und damit den Seelenleib, das Unterbewusste und das Niedere, läutert, verwandelt und veredelt – hin zum Geistselbst, das göttlicher Natur ist. Und weiter, wenn der göttliche Geist auch noch das Lebensgefüge, den Ätherleib des Menschen durchdringt und reinigt durch den freien Willen des Menschen, so bildet sich Buddhi, der Lebensgeist heraus. Und schließlich ersteht aus dem durchlichteten physischen Leib der Geistesmensch, auch Atman genannt.

Manas, Buddhi, Atman erreichen zu wollen, das ist heute noch eine ferne Zukunftsarbeit. Jedoch, mit der Hilfe Gottes, mit der Hilfe des göttlichen Geistes, des Flammengeistes Gottes, mit ihm schaffen wir das, können wir heute zumindest ein paar Keime setzen. Allein, ohne eine geistige Hilfe, ist dies in heutiger Zeit kaum möglich. Da würden wir uns zumeist im Dickicht unserer Abgründe verlieren. Deshalb dürfen wir uns diesem heiligen und heilenden Geist hingeben, uns öffnen, auf seine Stimme hören lernen, sich von seinem Hauch berühren lassen. Der Geist bewirkt und gestaltet die Materie und damit auch den Leib, bis in Krankheiten und damit auch in unsere Gesundheit hinein.

Gottes Geist, Gottes Sein und Leben darf in uns immer bewusster erfahren und erlebt werden. Dies schafft allmählich ein neues Bewusstsein, ein neues und bewusstes Sein – im Menschen und damit irgendwann auch in der Welt.

Vom Sinn des Bösen

Im Mysterien-Drama: Die Prüfung der Seele – schildert Rudolf Steiner eine kleine Parabel, die ich hier kurz wiedergebe.

Ein Mann wollte wissen, wo das Böse in der Welt herkommt. Von Gott, der das Gute ist, kann es ja nicht kommen, so dachte er. Auf seinem Weg des Grübelns und Nachdenkens kam er zu einem großen Baum, vor dem eine Axt stand und die zum Baum hin prahlte: „Ich bin stärker als du, denn ich kann dich fällen". Da sprach der Baum zur Axt: „Doch ohne den Stil aus meinem Holz könntest du nicht viel". Da ging dem Mann ein Licht auf und er verstand.

Nun wollen wir diese Geschichte etwas weiterdenken. Alles, was entstanden ist, hat natürlicherweise einen Ursprung. Auch das, was der Mensch an Technischem und Künstlerischem herstellen kann, hat dazu seine „Rohstoffe" aus der Schöpfung entnommen. Mit diesen Rohstoffen und „Werkzeugen" kann der Mensch Eigenes erschaffen, das es in der natürlichen Schöpfung so nicht gibt. Somit zeigt die „Axt" eigene Fähigkeiten und damit schließlich auch ein neues Selbstbewusstsein: „Ich kann dich fällen". Der Baum weist daraufhin die Axt zurecht, diese geht in sich und denkt vielleicht darüber nach. Denn das bietet die Möglichkeit zum Innehalten, zum Bewusstwerden des eigenen Tuns. „Ich bin stark". Wenn ich diese starke Kraft nach Außen anwende, kann ich erobern und zerstören, aber auch nur, weil der Baum (Gott) etwas von seiner Macht (das Holz) abgibt. Das Böse liegt hier also nicht in der Axt, denn diese ist ein Werkzeug und damit neutral. Der Wille, groß sein beziehungsweise herrschen zu wollen, stärker sein zu wollen als der Baum ist somit entscheidend.

Wenn durch die Herrschsucht alle „Bäume" gefällt sind, bleibt theoretisch nur noch der Kampf gegen andere Äxte und dementsprechend: Wenn das Göttliche in der Welt gänzlich vergessen und verdrängt wird, so endet dies im Kampf, in der Konkurrenz und im Gegeneinander aller gegen alle. Tod und Zerstörung wären das Resultat.

Eine Umkehr und Heilung des Bösen, das die Axt zum Vernichten antreibt, geschieht folglich durch eine Wendung nach Innen. Nicht über das Äußere herrschen zu wollen, führt nämlich zum Guten, sondern die Herrschaft, die Macht über sich selbst.

Die Machtsucht beziehungsweise das Böse in der Axt kann durch eine Selbstbeherrschung und somit durch eine Macht im und über das eigene Seelenleben gewandelt werden, hin zu einer inneren Stärke. Dadurch wird allmählich ein Weg bereitet zu einer Güte, die in den Menschen einziehen kann.

Die Axt verleitet aber auch zum Hochmut und damit zur Ehrsucht. Sie will etwas Besonderes und Besseres sein. Sie will nämlich selbst verehrt werden, damit ein starkes Selbstbewusstsein und Ichgefühl entstehen kann. Eine auf sich selbst bezogene Egoität führt letztlich aber in eine Isolation. Eine Heilung kann erst geschehen, wenn, wie in der Geschichte, der Ursprung, das Hohe, das Gute, die Weisheit geehrt, verehrt und angestrebt wird. Die Axt darf und kann sich in den Dienst des Guten stellen und dieses ehren.

Doch noch eine weitere Kraft kann der Axt entspringen, wenn sie sich von ihrem Ursprung trennt. Das ist die Habsucht. Diese will viel Holz, also einen großen Reichtum haben. Darum fällt sie viele Bäume. Das bringt Geld und Besitz und damit ein starkes Selbstwertgefühl. Die Folge dieser inneren Einstellung wird mit der Zeit aber sein, dass wir die Umwelt beziehungsweise die Anderen, die Mitwelt immer weniger wahrnehmen. Dies schafft letztlich ein soziales Ungleichgewicht; Armut und Not werden im Ganzen gesehen zunehmen müssen.

Eine Heilung wird möglich, wenn wir uns vermehrt auf einen inneren Reichtum besinnen und ausrichten. Die stärkste innere Kraft, die wir erwerben können, ist die Liebe. Wir dürfen und sollen uns mit ihr erfüllen, denn dann werden wir auch dafür sorgen, dass jeder in der Welt genug zum Leben bekommen kann – und dann geht es allen gut.

In dieser kurzen Ausführung zeigen sich also drei Grundkräfte des Bösen, sowie drei Qualitäten des Göttlichen. Die Axt kann von einer Macht-, Ehr- und Habsucht beherrscht sein, dann wird sie böse wirken – oder sie kann von Weisheit, Liebe und Güte durchdrungen sein, die im göttlichen Ursprung, im „Baum" enthalten sind. Der Baum schenkt uns allen Leben. Deshalb symbolisiert der Baum auch das ursprüngliche, das göttliche Leben.

Am Bösen können wir zugrunde gehen oder daran wachsen, wenn wir lernen, uns daraus zu befreien und wenn wir innerlich als Ich-Wesen, als ein freier Mensch so stark werden, um in dieser Freiheit zum Göttlichen hinstreben und hingelangen zu können, das heißt mit anderen Worten, um selbst göttlich zu werden.

Der Mensch muss nicht, wie das Holz am Baume, am „Weltengrunde" hängen und nur als ein Teil des Baumes, als ein Teil der Schöpfung mit dieser mitwachsen oder mit ihr vergehen. Denn er hat die Möglichkeit, ein Eigensein zu erwerben, eben wie die Axt entsprechend wirkt und in der Erzählung dieses Eigensein symbolisiert. Ein Eigensein ist ja nur möglich, wenn der Mensch sich auch gegen die „alte" Schöpfung, wenn er sich gegen den Baum wenden und stellen kann. Diese Analogie spiegelt sich ja auch im Auftrag: Machet euch die Erde untertan. Dazu verhelfen vor allem auch die Kräfte des Bösen.

Hat der Mensch jedoch sein Eigensein, seine Egoität, seine Ichhaftigkeit errungen, muss er eine Umkehr einleiten, denn sonst wird er das Böse, das ihn nur zu immer noch mehr Eigensinn anstacheln will, nicht mehr los. Sich von diesem befreien, macht erst wirklich frei. Erst dann hat er wieder die Möglichkeit, sich dem Guten zuzuwenden. Doch nun als Eigenwesen, als eine neue Götterhierarchie, die selbstständig Göttliches in sich erworben hat. Das Böse darf dabei aber nicht verteufelt werden, denn wir brauchen die Kräfte des Bösen, um damit auch Gutes tun zu können. Mit einer Axt kann man nämlich auch Gutes tun. Eine Umwendung des Bösen soll daher erfolgen, eine Umkehr um 180 Grad – vom Minus zum Plus. Der Eigensinn reift dadurch zu einer humanistischen Einstellung und würdevollen Selbstachtung heran. Hass darf in Liebe, Neid in Wohlwollen, Angst in Stärke und Mut, Starrheit in ein soziales Einfühlen, Geiz in Bescheidenheit, Gier und Habsucht in Großzügigkeit, Zorn und Groll in Tatkraft, Wille, und Mitgefühl und dergleichen mehr verwandelt werden.

Dabei dürfen die negativen Kräfte nicht negiert beziehungsweise ausgelöscht werden. Sie sollen viel eher dem Guten dienen. Dazu brauchen wir sie. Wir sind somit aufgefordert, dem Bösen eine neue Richtung und zwar zum Guten hin zu geben. Wir können und dürfen uns also jederzeit für das Gute entscheiden.

Das Gute ist jedoch nicht nur die andere Seite, also das Gegenteil des Bösen, denn es bildet sich beziehungsweise es ist die Mitte von zwei bösen Seiten, von zwei Extremen. Entweder in einem Zuviel oder Zuwenig, entweder zu starr oder zu flüchtig, zu reich oder zu arm und so weiter, zeigen sich bekanntlich die verschiedenen Einseitigkeiten.

Die Liebe als eine ursprünglich gute Kraft kann am „Minuspol" als Hass oder als Gleichgültigkeit erscheinen, am „Pluspol" dagegen als Schwärmerei. Die Mitte, die wirkliche Liebe schließt alles ein, sie umfängt alles, denn sie steht über den Extremen und vermag sie dadurch zu verbinden und zu erlösen. Somit kann eine Wandlung geschehen, auch für die extremen Pole.

Oftmals muss man im Leben Extreme durchlebt und im Weiteren durchlitten haben, denn diese führen mit der Zeit automatisch zu einem Leid, bis man langsam eine Mitte finden kann. Und dies immer wieder neu, denn die Mitte ist nicht starr und auch nicht festgelegt.

Ein gesundes Selbstbewusstsein, als Beispiel, finden wir erst langsam und allmählich zwischen den Minderwertigkeits- und den Hochmutsgefühlen. Sicher müssen wir auf diesem Weg beide Extreme kennengelernt haben. Doch wir entscheiden uns ab einem gewissen Punkt der seelischen Reife frei für die gesunde Mitte. Sie muss gewollt sein und kann dann spielerisch gefunden werden. Das Spielerische vermag es nämlich erst, die extremen Pole ausbalancieren zu können. Dies gleicht schließlich einem künstlerischen Prozess.

Praktisch bedeutet dies, dass wir, wenn wir im Leben mal wieder in einem Extrem gelandet sind, uns die Mitte und den anderen Pol bewusst machen müssen. Sodann können wir mit diesen Einseitigkeiten spielen lernen. Vielleicht müssen wir als Ausgleich für eine extreme Weise erst noch die andere Seite in uns fördern, damit wir aus einem festgefahrenen Extrem herauskommen. Wir entscheiden in jedem Fall aber selbst, welche Tugend oder Untugend wir einsetzen wollen. Und wenn wir diesen anderen Pol, quasi als eine therapeutische Methode, eine Zeit lang nur schauspielern, so lange bis wir genügend „Gegengewicht" aufgebaut haben, um dann allmählich ausgleichend und integrierend eine Mitte finden zu können.

Je mehr Energie wir schließlich in die Mitte, zum Gesunden und Guten hinlenken können und damit der Problem-Energie, dem Hass, dem Neid, dem Zorn, dem Geiz, der Trägheit und so weiter an Kraft entziehen, wird diese negative Kraft geschwächt. Sie bekommt von uns keine Nahrung mehr. Allmählich wird die Mitte dadurch so stark werden, damit wir auch wieder die extremen Kräfte, zum Beispiel den Ärger, die Wut, die Verbitterung und so weiter anschauen und umlenken lernen. Denn ein Zorn, wenn wir ihn beherrschen, kann uns als eine seelische Kraft helfen, unsere guten Intentionen umzusetzen.

Zum Beispiel läuft heute in der Welt, in der Politik und in der Wirtschaft so vieles falsch, dass man sich sehr stark darüber ärgern könnte, um als eine Konsequenz daraus zu meinen, man müsste dagegen ankämpfen, wie es zum Beispiel Terroristen wie die RAF und viele andere versuchten und oftmals immer noch versuchen. Man kann aber nicht das Negative mit negativen Kräften und Verhaltensweisen aus der Welt schaffen. Jedoch, wir können die Kraft des Ärgers gebrauchen, um für das Gute zu kämpfen, natürlich nur mit guten Mitteln, so wie dies zum Beispiel in Stuttgart mit dem Projekt Stuttgart 21 geschah oder in unseren Tagen durch die vielen Jugendlichen, die gegen ein maßloses Plündern und Ausbeuten und den daraus entstehenden Folgen des Klimawandels und der Verschmutzung unserer Erde aufschreien. Dabei ist man nicht nur gegen etwas, sondern hat vor allem eine gut durchdachte Alternative anzubieten, die man nicht mehr einfach nur vom Tisch wischen kann. Also ist hier der Ärger über ein überteuertes und kulturschändliches Projekt, das für die Stadt Stuttgart oder im anderen Beispiel für die nachfolgenden Generationen viele Nachteile bringen wird, zum Ansporn für ein positives Denken und Tun im Sinne einer mündigen Bürgergesellschaft geworden, die sich nicht mehr nur von „oben" vorschreiben lassen will, wie die Welt von morgen auszusehen hat. Denn das Gegenteil von Ärger und Zorn wäre eine Teilnahmslosigkeit, ein Desinteresse und eine Ignoranz. Natürlich ist es nicht ganz leicht, seine Zorneskräfte immer in den Griff zu bekommen, so dass wir die gesunde Mitte und damit ein warmes Interesse und ein Mitgefühl am und für den Anderen finden können. Gewiss kann man eine Sache oder ein Verhalten verurteilen, aber bitte nicht den Menschen, von dem dies ausgeht. Jeder irrt im Leben, der eine mehr als der andere, doch man hilft den Irrenden um so mehr, wenn man versucht, ihre guten Anlagen, die wir alle haben, sehen und fördern zu lernen.

Manchmal ist es auch erst einmal nur gut, sich für ein zukünftiges Gutes einzusetzen, wenn, wie heute, die Negativitäten so stark geworden sind, zum Beispiel durch eine weltweite Politik der Konkurrenz, der Ausbeutung und einer Finanzwelt, die immer nur noch mehr Geld für die Wohlhabenden generieren will, so dass man kaum mehr dagegen anrennen kann.

Gegen das Negative anzukämpfen bringt aber nicht viel, denn wir würden es durch unseren Abscheu, durch unseren Zorn und Missmut, also durch unsere negativen seelischen Kräfte nur noch stärker machen. Das Negative würde damit nur immer noch mehr negative Energien bekommen. Deshalb reizt uns das Böse auch so stark, es sucht gezielt unsere Schwächen, es heftet sich an unsere Negativkräfte, an unsere Seelenschwächen an, um diese für sich gewinnen zu können, denn letztlich braucht es unsere Energie zum eigenen Überleben. Wir selbst bleiben dadurch geschwächt und ausgelaugt zurück. Das kann nach jedem Zornesausbruch, nach einer Angstattacke oder ähnlichem immer wieder beobachtet werden; es wurde uns Energie entzogen.

Wir setzen uns daher konsequenterweise für eine gute Zukunft ein. Natürlich muss man dazu auch die Machenschaften und Kräfte des Negativen durchschauen und darüber aufklären. Das Wichtigste ist jedoch, dass wir uns ein Bild machen vom wirklich Guten und dahin unsere Kräfte, unsere Aufmerksamkeit und Energie hinlenken. Das Böse vernichtet sich irgendwann selbst, es geht an sich selbst zugrunde, wenn wir es nicht mehr füttern und stärken, wenn es also keine Nahrung mehr bekommt.

Das wahre Gute schließt die Einseitigkeiten, die Extreme nicht aus. Denn die Liebe umfängt alles, ohne dagegen anzukämpfen. Die Liebe umfängt das Böse und die Weisheit beziehungsweise die Erkenntnis beleuchtet es. Dadurch kommt es raus aus dem Finsteren, aus dem Unbewussten im Menschen. Kommt Licht ins Dunkel, wird sich das Dunkle erhellen. Wird es sichtbar, so können wir damit umgehen lernen. Darum ist die Selbsterkenntnis so wichtig.

Die Erkenntnis der eigenen dunklen Schatten, sowie die Annahme, Akzeptanz und Wandlung zum Guten hin, erlöst schließlich das Böse selbst. Dies ist des Menschen eigentliche Aufgabe in seinem Seelensein. Daher ist das Böse letztendlich auch in der Weltentwicklung zugelassen. Denn wie es schon in Goethes Faust vom bösen Geist heißt: „Ich bin der Geist, der stets das Böse will und doch das Gute schafft", so fordert uns das Böse heraus, ein Gutes erringen zu wollen. Ansonsten würden wir am Bösen mit der Zeit zugrunde gehen.

Nur muss man dabei immer wieder feststellen, dass je nach Zeit und Ort sich das Gute wandeln kann. Was früher gut war, muss heute so nicht mehr gelten. Doch was ist dann überhaupt das Gute, wenn es dafür keine äußeren Regeln und Normen mehr gibt?

Das Gute ist letztlich die innere Freiheit, die dem Menschen seine Würde gibt und die ihm erlaubt, in jedem Augenblick sich für das erkannte Gute und gegen das Krankmachende und Böse entscheiden zu können. Das Böse hat dabei aber eine sehr gewichtige Aufgabe, weil ohne dem Bösen das Gute, zum Beispiel als eine Sittenregel oder als ein verordnetes Gebot, nur ein „schwaches" Gutes, die Liebe zum Beispiel nur eine „automatenhafte", naturgegebene Liebe wäre, wenn sie, wie überhaupt alle guten Fähigkeiten der Seele, nicht durch die Überwindung des Bösen an Kraft gewinnen würden. Ja, das Gute bildet sich erst richtig am Bösen aus. Das Böse ist also im Schöpfungsplan enthalten, damit durch dieses einmal das „große" Gute werden kann. Dafür ist jedoch immer wieder eine freie Entscheidung für und hin zum Guten unabdingbar.

Das Böse, es lässt uns letztendlich in der Erkenntnis und in der Liebe reifen, denn je böser eine Kraft ist, um so mehr Liebe und Weisheit benötigen wir, ja, können wir daran entwickeln. Aber nur, wenn wir dies auch wollen, denn diese Entscheidung ist in unsere Freiheit gestellt. Die Liebe will in Freiheit, das heißt, in freier Entscheidung angenommen werden. Dies macht ja vor allem auch unsere Freiheit aus, dass wir vergangene Fehler und Einseitigkeiten einsehen, wiedergutmachen und damit ändern können.

Die Liebe, sie wartet darauf, vom Menschen gerufen zu werden. Das Herz darf sich öffnen für die Liebe, das Haupt für die Weisheit und der Leib für das Leben Gottes, das für uns bereitet ist. Wenn der Mensch alle seelisch-geistigen Kräfte des Guten und des Bösen annehmen, aufnehmen, ausgleichen und integrieren kann und wenn er sich daraufhin dem göttlichen Leben, dem Guten hingeben und opfern kann, ja, dann fließen Kräfte in ihn hinein, die nicht mehr dem dualen Prinzip unterworfen sind. Diese Kräfte sind aus dem Dualismus auferstanden und vereinigen sich mit dem kosmischen Leben selbst.

Die Auferstehungskraft, die Leben und Tod und die das Gute und das Böse in sich vereinigt hat, sie trägt den künftigen Menschen von innen her. Zunächst ist dies ganz zart und fein zu spüren. Je mehr wir aber in das neue Leben hineinwachsen, desto mehr und besser können wir einen „zweiten" Menschen in uns wahrnehmen, der unabhängig ist von materiellen und zeitlichen Einflüssen, der also „ewig" ist.

Das Böse hilft uns letztlich dabei, diesen neuen Menschen in sich zu entdecken und zu entwickeln. Ja, es treibt uns sogar an, diesen irgendwann zu wollen, denn ohne die Kräfte dieses neuen, dieses durchlichteten Menschen würde es den „alten" Menschen, den alten Adam so lange begrenzen und vereinnahmen, bis von diesem nichts mehr übrig bliebe, das heißt, bis er selbst ganz böse geworden ist.

Eine böse Menschheit mit einem Bestien-, Zerstörungs- und Verblendungscharakter kann entstehen oder aber eine lichte Menschheit mit den göttlichen Attributen der Weisheit, Liebe und Güte. Wir haben somit die freie Entscheidung, wohin wir uns bewegen wollen.

Hier nun möchte ich eine kurze Zusammenfassung anführen, wie sich das Böse in uns und in der Welt offenbart.

Zunächst müssen oder sollten wir feststellen, dass der Mensch durch sein Denken, Fühlen und Handeln ständig etwas Wesenhaftes erzeugt. Im Okkultismus nennt man diese so erschaffenen Wesen Egregore beziehungsweise elementarische Kräfte oder Elementale, die im Negativen durch einen perversen Willen und durch niederträchtige Vorstellungen erschaffen werden. So arbeitet zum Beispiel die schwarze Magie mit Verwünschungen, die elementarische Wesen erzeugen und die wiederum andere Menschen beeinflussen können. Je mehr wir uns solchen negativen Kräften in der Seele hingeben, um so mehr füttern und stärken wir solche Egregore, die mit der Zeit so mächtig werden können, dass sie ein Eigenleben führen und oftmals sogar den Erzeuger selbst in ihren Bann schlagen können. Daraus entstehen dann zahlreiche Abhängigkeiten und Süchte. Von diesen Kräften und Wesenheiten können wir uns in der Folge nur sehr mühsam wieder befreien, dies vor allem durch eine Erkenntnis und einem Verzicht auf niedere Wünsche und auf ein egoistisches Machtstreben.

Ein weiteres Böses, das wir in der Parabel vom Baum und der Axt schon angesprochen hatten, ist eben ein Böses im Menschen selbst. Die Ursache dafür ist in der Willensfreiheit des Menschen zu finden, nämlich im Willen als ein triebhaftes und egoistisches Begehren. Der Mensch konnte, urgeschichtlich beziehungsweise biblisch betrachtet, in den Frühzeiten seiner Entwicklung in der Nachahmung Gottes, im paradiesischen Garten leben oder aber durch Versuchungen aller Art in eine Zügellosigkeit, Nachlässigkeit, Bequemlichkeit und Eitelkeit verfallen. In einem Ungehorsam gegenüber der schöpferischen Welt Gottes urständet bekanntlich ja die sogenannte Erbsünde.

Der Mensch lebte dadurch nicht mehr nur aus und in der Offenbarung Gottes, sondern er wollte selbst, also in eigener Erkenntnis die Welt erforschen. Der Baum der Erkenntnis, das Experimentieren und Ausprobieren hatte Vorrang. Nur muss man dabei bedenken, dass alles Menschengeschaffene irgendwann einmal der göttlichen Wirklichkeit begegnen muss. Somit ist die Weltgeschichte immer auch das Weltgericht. Die verirrten Schafe und damit einhergehend, alle selbstgeschaffenen, mechanischen und intellektuellen Systeme, seien sie politisch, theologisch, wissenschaftlich oder okkult, müssen einmal wieder zur „Herde", zum Ursprung zurück und sich da den göttlichen Wirklichkeiten stellen. Die kosmischen Gesetze des Lebens müssen einmal erkannt und vom Menschen angenommen werden. Die selbst-erschaffenen Türme des Wohlstands, des Vergnügens, der Bequemlichkeiten und der Eitelkeiten, quasi alle egoistischen Konstruktionen und Errungenschaften haben vor Gott, vor den Gesetzen des Alls meistens noch keinen wirklichen Bestand. Vor diesem „Gericht" hat sich die Seele zu läutern, denn letztlich gilt auch hier das: „Dein Wille geschehe...." und nicht ein: „Mein Wille geschehe ...".

Dieser Eigenwille, dieses „Böse" im Menschen, das sich vom Kosmos getrennt hat, bietet nun den Ansatzpunkt, die Angriffsfläche für die „linken" Hierarchien, für die kosmischen Geister, die den Menschen verführen und anklagen dürfen.

In Goethes Faust macht Mephistopheles eine Wette mit Gott, dass er den Menschen ewig und ganz für sich gewinnen wird. Gott schlägt in die Wette ein, doch noch ist nicht gänzlich absehbar, in welche Richtung die Menschheit zukünftig hintendiert.

Zwei polare Kräfte der linken Hierarchien ziehen an des Menschen Seele. Luzifer, der Geist des Narzissmus, der Weltflucht, der das irdische Leben nur im Rausch, im schönen Schein erträgt und darin die Wachstumsmöglichkeiten durch ehrliche Arbeit, durch Mühen, durch Leid und Erkenntnis scheut, sich letztlich nur in einem kosmischen Wohlgefühl „aalen" will, dem steht Ahriman gegenüber, der nur eine kalte, technische und irdische Realität gelten lassen will und damit alles höhere Leben verneint.

Dazwischen hat sich der Mensch zu behaupten. Wir leben dadurch immer in der Gefahr, zu einem der Extreme hingezogen zu werden. Entweder zu subjektiv, in einer Selbsterhöhung, in einer lichtvollen Vergangenheit, also nur im weisheitsvollen Licht, im schönen Schein und Rausch oder im anderen Extrem, in einer kalten und nüchternen Objektivität, in einem Zukunftsfortschritt um jeden Preis und schließlich in einer seelischen Finsternis, Kälte oder in einem Minderwertigkeitsgefühl. Oftmals wirken diese Kräfte und Wesen in unserer Zeit auch zusammen, um uns Menschen verführen und anklagen zu können.

Eine dritte Kraft, die außerhalb dieser Dualität besteht, muss hier noch etwas gesondert betrachtet werden. Sorat, der Sonnendämon, der die asurischen Geister in seiner Gewalt hat und diese antreibt, er steht außerhalb der Schöpfung und will diese nur zerstören. Er lehnt die Schöpfung als Ganzes ab, auch die Dualität. Eine totale Verneinung negiert das Leben und schließlich auch sich selbst, denn diese Kraft geht letztendlich an sich selbst zugrunde, wenn sie irgendwann nur noch sich selbst zum Zerstören hat. Eine Antischöpferkraft, eine Gegenkraft des göttlichen Vaters, des Weltenschöpfers ist darin zu erkennen. Daher muss man bis in den Alltag und in das weltpolitische Geschehen hinein sehr vorsichtig sein und sich schützen können, damit wir solche destruktiven Kräfte nicht übermäßig in uns einlassen, obwohl man feststellen muss, dass gewisse Zerstörungskräfte heutzutage weltweit schon sehr stark am Zunehmen sind. In Gewalt, Folter, Terrorismus und Kriegen wirken sie bis in soziale Beziehungen hinein. Alles Zwischenmenschliche und Gute will von diesen Kräften zerstört werden. Amok-Läufer, jugendliche Gewalttäter, Terroristen und viele andere sind deren Opfer.

Wie schon gesagt, lässt sich diese Zerstörungskraft auch nicht mehr allein durch eine Liebe und eine Erkenntnis wandeln, denn die zerstörerischen Kräfte haben es vor allem auf die Liebe, auf die Weisheit und auf das göttliche Leben selbst abgesehen, um diese angreifen und vernichten zu können. Hier kann letztlich nur noch der väterliche Weltenwille helfen, der diese Kräfte lenken und beherrschen kann, denn letztlich urständen diese Kräfte im sogenannten göttlichen „Zorn".

Bei Gott sind alle geschaffenen Wesen und so auch die asurischen Geister im großen Schöpfungsplan eingebunden. Da dienen sie innerhalb der göttlich-geistigen Ordnung. Denn auch da kann nichts wirklich Neues entstehen, wenn nicht zuvor Altes zugrunde gegangen ist. Lösen sich diese Zerstörungs-Kräfte jedoch vom Schöpferwillen ab und führen ein eigenwilliges, abgesondertes Dasein, so werden sie erst richtig böse.

In der altindischen Kultur gibt es ein Spiel, Lila genannt. Darin kämpfen die guten und die bösen Kräfte miteinander. Alles ist, von einer höheren Warte aus gesehen, eben ein Spiel. Nur in unserem kleinen menschlichen Sein, in unserer irdischen Sichtweise ist unsere Existenz ernst und todbringend. Aber was ist schon der Tod und das Verderben? Letztlich doch auch nur wieder eine Wandlung und damit ein Neubeginn – eben das Spiel des Lebens.

Soll aber auch dieses Leben des Entstehens, des Werdens und des Vergehens vernichtet werden, so wie dies Sorat will, hat die gesamte Schöpfung, hat der große Schöpfungsplan keinen Sinn mehr. Auch diese Möglichkeit muss gegeben sein, nämlich um der menschlichen Freiheit willen. So weit muss also eine wirkliche Freiheit gehen, dass wir alles zerstören können, wenn wir dies denn wollen. Somit bewahrheitet sich auch der mephistophelische Spruch: Alles was entsteht, ist wert, dass es zugrunde geht.

Heute kann die Menschheit praktisch die gesamte Erdengrundlage mittels der Atomkraft, einer zerstörerischen Energie, vernichten. Damit vernichten wir uns aber auch selbst.

Selbstzerstörerische Tendenzen nehmen auf der einen Seite zu, aber auch die Menschen, die hegen, bewahren und pflegen wollen, sind nicht untätig. Ein großer Geisteskampf ist entflammt.

Gegen den Zerstörungswahn, der vor nichts mehr halt macht, können wir nur den göttlichen Weltenwillen setzen, das ewige Leben, den gütigen und väterlichen Gott. Der menschliche Wille soll sich schließlich dem Willen des Vatergottes hingeben lernen, Ihm vertrauen, sich von Ihm führen lassen; dann bekommt der Mensch das für seinen Weg, was er dafür braucht, um zum Guten, um zu einer Güte hingelangen zu können.

Sorat kann man nicht mehr einfach nur durch Erkenntnis und Liebe wandeln, denn er will diese ja vernichten, ja, alles, auch die ganze Schöpfung. Deshalb gibt es in diesem Fall nur noch einen Ausweg: zurück zum Vater, zum Weltenwillen mit der Bitte: „Und erlöse uns von dem Bösen..."

Der Vater schenkt uns seine Kraft der unendlichen Güte. Die Güte umfasst auch das Zerstörerische, denn sie kann auch diesem verzeihen.

Solange wir uns gegen etwas auflehnen, vielleicht auch ganz berechtigt, da es schlimm und böse wirkt für das ganze Land, so lange werden wir dieses Böse nicht wirklich los. Das kann heute überall gesehen werden. Ein Despotismus und Faschismus kann vielleicht eine Zeit lang militärisch, meistens mit sehr großen Anstrengungen, Mitteln und Verlusten niedergezwungen werden, wie im Dritten Reich oder heute in Afghanistan und in Syrien, aber seine „Kraken" fassen und fesseln dann woanders wiederum aufs Neue die Menschen, die aus Hass, Wut und Enttäuschungen für solche Kräfte offen sind. Menschen, die von negativen Kräften und Wesen besessen sind, wird es immer wieder geben. Denn diese haben eben auch ihren Sinn. Das Böse wird uns so lange beschäftigen und beeinträchtigen, bis wir selbst mit Güte, mit dem Guten erfüllt sind.

Die Güte nimmt an, sie spaltet nicht ab und sie zerstört nicht, sie schafft keine Trennungen und Entfremdungen. Dadurch wird das Böse selbst gewandelt. Die Güte, sie kommt letztlich vom himmlischen Vater. Wir erlangen sie durch eine innere Stärke und wenn wir uns bemühen, gütig zu sein, uns in Güte üben – zu uns selbst und zu den Mitmenschen. Dann erst ziehen die Kräfte des Vaters in uns ein. Wir werden so zu Söhnen und Töchtern Gottes. Der Mensch: ein Sohn Gottes, ein Gott.

Die allumfassende Liebe nimmt an, die göttliche Weisheit erkennt und gleicht aus, die unendliche Güte schließlich heilt und erlöst. Dahin kann uns das Böse hinführen, hindrängen und hin-erziehen. Somit ist es schon gar nicht mehr richtig böse. Es ist Mahner, Ankläger, Versucher, Erzieher und Transformator bis wir bereit sind, es anzunehmen und uns daran zu wandeln – hin zu einer neuen Kommunikation, zu einer Kommunion mit dem Geist des Guten, des Wahren und des Schönen.

Tiefe Kommunikation

Viele Menschen gibt es heute, die mit ihrem Leben nicht wirklich zurecht kommen, das zeigt allein schon die Tatsache, dass immer mehr psychische Erkrankungen auftreten beziehungsweise der Konsum an Psychopharmaka rapide ansteigt. Letztlich ist es die Sinnfrage, die Suche nach einem sinnerfüllten Tun, die den Menschen antreibt, wenn er sich nicht in Resignation, in Betäubung oder in Ablenkungsmanövern verlieren will.

Aus diesem offensichtlichen gesellschaftlichen Mangel heraus haben sich in neuerer Zeit viele Beratungsstellen gebildet, die in zahlreichen Persönlichkeits- und Selbstoptimierungs-Trainings, in sogenannten Coachings und ähnlichem die Hilfesuchenden zu mehr Erfolg, Anerkennung und innerem Wachstum verhelfen wollen. Dabei steht zumeist ein persönliches Wunschdenken oder irgendein persönliches Motiv im Vordergrund.

Doch genügt dies schon, um für das Wohl des Ganzen, um für eine gesunde und fortschreitende Entwicklung von Mensch und Erde eintreten zu können?

Ohne ein Erkennen der Weltenziele, also eines transpersonalen Willens und einem Einsatz dafür, bleibt oftmals doch alles wieder nur in einem persönlichen Egoismus verhaftet – mehr Geld, mehr Status, mehr Glück, mehr Ego... .

Letztlich wird jeder Einzelne irgendwann einmal an einen biographischen Punkt herankommen müssen, wo er sich fragen kann und soll: Wie finde ich heraus, was Gott, was der Weltenwille mit mir vor hat? Für was und wo braucht er mich, damit ich dem Ganzen dienen kann?

Erst mit der Beantwortung dieser Frage erkennen wir unsere innerste Bestimmung, dann aber nicht mehr nur aus persönlicher Willkür, sondern viel eher in einem Zusammenklang mit dem großen Ganzen, mit den kosmischen Gesetzen des Alls.

Dazu bedarf es vor allem eines Glaubens beziehungsweise eines Vertrauens in die geistige Führung der Welt, die mich als Einzelnen in das große Ganze integriert, so dass ich darin meinen Platz finden kann. Jedoch, es muss dazu der innere Glaube und das äußere Werk zusammenkommen. Nicht allein der Glaube, auch die daraus entstehende Tat sollte von einem Höheren, vom Göttlichen inspiriert sein. Doch was ist der Impuls des Göttlichen in mir?

Wir dürfen danach suchen, wir dürfen Gott fragen – im Gebet, in der Bitte, jedoch, die Antwort kommt vielleicht gar so nicht einleuchtend und schnell, sondern meistens ganz unerwartet, manchmal durch andere Menschen, die vielleicht zufällig in der Nähe mein Thema ansprechen, sowie durch Schicksalsbegebenheiten, durch innere Einfälle, Ideen oder auch erst in Lebenskrisen, in Krankheiten beziehungsweise nach einem Leidensprozess.

Nur eines müssen wir dafür lernen, nämlich, wach-, offen und achtsam zu sein, hören und lauschen, was der Geist spricht. Heutzutage dürfen wir uns dafür vor allem auch in einer wortlosen Kommunikation üben und zwar mit allem – mit der Natur, mit den Mitmenschen und mit dem inneren Sein. Bestimmte Tugenden und Fähigkeiten sind eben eine Notwendigkeit in unserer Zeit, wie die Achtsamkeit und die Stille, ein Leerwerden von alltäglichen Bedrängungen und hektischem Tun, um ohne feste Erwartungen sich in eine Frage, sich in ein Problem hineinzuversetzen, einleben zu können, unvoreingenommen, vertrauensvoll und offen; dann kann sich immer wieder ein „Pfingsten" ereignen – der Heilige Geist ruft, erleuchtet und befruchtet uns.

Um jedoch seine Stimme hören, um seinen Hauch spüren zu können, müssen wir wach sein, aber nicht nur mit dem Kopf. Eine Herzens-Wachheit, ein Hören mit dem Herzen ist hier verlangt, Herzens-Sinne dürfen ausgebildet werden. Dazu müssen wir uns von allem Drängenden und Ablenkenden befreien, lösen und leer machen. Das, was uns bedrängt, wir dürfen es anschauen, erkennen und dann dem Himmel übergeben. Die geistige Welt hilft immer, sie schenkt uns Lösungen, wenn wir nicht nur meinen, alles selber erringen und erkämpfen zu müssen. Nicht um ein Verdrängen der Widerstände geht es hierbei, aber auch nicht darum, sich von ihnen vereinnahmen zu lassen. Loslassen können, ruhig und still werden in der Seele, in das Herzen eintauchen. Das Herz spürt und schaut, das Haupt, unser Verstand nimmt daraufhin das

Aufgenommene des Herzens wahr und erkennt, das heißt, es bringt die Herzens-Weisheit in ein vernunftbegabtes Erkennen, was wiederum die Grundvoraussetzung für ein sinnvolles Tun ausmachen kann.

Kopf, Herz und Hand sollen schließlich zusammen wirken, damit sich das geistige Leben offenbaren kann. Eine Initiation bedeutet dann, mit dem Denken das Weltendenken, mit dem Fühlen das Weltenfühlen und mit dem Willen, den Weltenwillen annehmen und aufnehmen zu können. Darin findet sich ein Wille zum Sinn und zur individuellen Bestimmung und dies vor allem, wenn wir auch bereit sind, die Wunden anzunehmen und zu verwandeln, die eben auch in uns sind und die ganz bestimmt noch vor dem Heil erscheinen. Diese seelischen Wunden bewahren ihre Einschränkungen und Komplexe so lange, bis wir sie geheilt, bis wir sie letztendlich mit dem Wahren und Guten in uns in eine Übereinstimmung gebracht haben.

Wir dürfen also auch auf die Wunden, zum Beispiel auf die Unzufriedenheiten, auf die Mängel, auf die Verbitterungen, auf die Enttäuschungen und so weiter hinblicken: was wollen sie uns sagen? Wie können sie geheilt werden, was muss ich tun, um ein neues und gesundes Leben führen zu können? Dazu dürfen wir auf das innere Wort lauschen, mit dem Herzen die Frage stellen, die Queste: Was soll ich tun? Wohin will mich der Weltenwille führen?

Der Wille schaut immer in die Zukunft, das heißt, er kommt uns aus der Zukunft entgegen. Wunden entstammen dagegen aus der Vergangenheit. Diese können wir analysieren und dadurch bestimmte Zusammenhänge und Ursachen für manche Mängel und Einschränkungen verstehen lernen. Eine Heilung geschieht jedoch erst mit einem zukünftigen Kräftezuwachs, mit neuen seelischen Fähigkeiten, also mit etwas, das ich nur in der Gegenwart bereitstellen beziehungsweise anstreben kann. Eine Änderung des Lebens, auch der Schicksalszusammenhänge und somit eben auch eine Einstimmung und Ausrichtung auf den höheren Willen, kommt uns immer erst aus der Zukunft entgegen. Folglich darf sich der menschliche Wille immer mehr dem höheren Welten-

Willen zuneigen. Doch zuerst müssen wir dafür den menschlichen Willen ichhaft ergreifen und ergründen, woraus dieser eigentlich entspringt.

Leiblich gesehen ist die Willensregion im Bauchraum, im sogenannten Stoffwechsel- und Gliedmaßensystem beheimatet. Dahinein müssen wir folglich mit unserer seelischen und ich-gelenkten Aufmerksamkeit, wenn wir den Zukunftsstrom erspüren wollen.

Dieses Spüren darf dann bis in die Füße hinunter erfolgen, denn die Füße tragen uns in die Welt. Somit können die Füße, die der Tierkreisregion der Fische zugeordnet sind, ein Ertasten und Erschauen eines höheren Willens ermöglichen, wenn wir über unseren persönlichen Willen zum göttlichen Willen uns hinbewegen wollen.

Den Willen ergreifen heißt also auch, die Gliedmaßen mit Bewusstsein zu durchströmen. Um das Ich in seiner ganzheitlichen Entfaltung in den Willensregionen vom persönlichen Eigenwillen bis zum hohen Welten-Willen ergründen und erfahren zu können, müssen wir natürlich im Tierkreis-Bereich des Widders: im „ich will" beginnen.

Was will ich überhaupt? Was ist meine Idee oder mein Ideal, welches ich verwirklichen will? Darüber darf nachgesonnen werden.

Der Stier-Bereich schenkt dem Willen Ausdauer, Beharrlichkeit und Geduld. Diese Fähigkeiten braucht das Ich, um sich in seiner Willens- und Schaffenskraft erfahren und erleben zu können.

Mit den Zwillingskräften des Denkens und Kommunizierens verwirklicht der Ich-Wille einen Plan, ein Konzept, das, wenn es immer konkreter gedacht und gewollt wird, einer mentalen Realisierung entgegenstrebt.

Im Krebs-Bereich, der den seelischen Innenraum repräsentiert, kann ein willentliches „Durchfühlen", ein Einfühlen dieser zuvor entwickelten Ideen und Konzepte stattfinden, wodurch sich erst ein inneres Einverständnis, ein Wohlgefühl und eine seelische Verbundenheit daraus entwickeln kann.

Schließlich darf im Löwen das Herz zur Sprache und dann zu einem Urteil gelangen. Ein Liebe-Willen entscheidet, ob die Idee weiter ausgeführt oder fallengelassen wird. Ohne eine Verbindung mit dem Herzen wird das Verwirklichen einer Idee nicht gelingen oder nur mangelhaft sein. Hat sich das Herz, der Herzenswille positiv entschieden, so fängt die Arbeit und oftmals auch die vielen Mühen erst richtig an.

Die Jungfrau-Kräfte wollen fleißig arbeiten und umsetzen, strukturierend und genau, auch um erste Ansätze mit der umgebenden Welt austauschen zu können.

Der Waage-Bereich fördert den Willen zu Diplomatie und zu einer Verbindlichkeit mit Partnern und Menschen, für die man wirken will. Auf eine innere Harmonie ist dabei stets zu achten. Sich nicht verausgaben, aber auch nicht träge sein. Immer sollten wir auch noch von den „Musen geküsst" werden, damit eine fortdauernde geistige Befruchtung, eine Inspiration geschehen kann.

Doch ohne eine eine seelische Wandlung, ohne einer Opferung unserer manchmal recht starren und überkommenen Denk- und Lebensweisen, wird es nicht wirklich weitergehen. Eine Schwelle ist irgendwann erreicht, vor allem, wenn der anfängliche Enthusiasmus an den Alltags-Hürden und Schwierigkeiten verpufft. Bleibe ich jetzt immer noch im persönlichen Willen oder verbinde ich diesen mit dem Weltenwillen? Was will dieser von mir?

Im Bereich des Schützen geht es um höhere Werte, um die Sinnfragen, die den Menschen erst einbetten in ein größeres und umfassendes Sein.

Somit sind wir leiblich gesehen in den Schenkeln angelangt: vom Widder im Kopf beginnend bis zu den Füßen kann der Ich-Wille den menschlichen Leib ergreifen und daraus Tierkreis-Qualitäten empfangen.

Die Hände unterstehen den Zwillingen, da geht es auch um unsere zukünftigen Handlungen. Die Schenkel (Schütze) haben, wie gesagt, mit dem Sinn zu tun, die Knie (Steinbock) mit der höheren Ordnung, mit den Gesetzen des Alls und mit den Verantwortlichkeiten daraus für die Erde und die Mitmenschen, die wir demutvoll erkennen und anwenden sollen. Die Welt, sie korrigiert und prüft an diesem Punkt. Die Waden und die Knöchel (Wassermann), sie entsprechen den Qualitäten einer sozialen und freundschaftlichen Hinwendung zu den humanistischen Werten der Freiheit, der Gleichheit und der Brüderlichkeit, sie führen in die Welt ein. Und die Füße (Fische), sie bringen uns in Kontakt mit der Erde, mit dem Weg, den wir gewillt sind zu gehen und damit auch mit dem Ort, an dem wir wirken können.

In diesen Prinzipien erweitert sich der kosmische Wille sozusagen in alle Tierkreiszeichen hinein. Im göttlichen Ich, im höheren Willen, der eben alle kosmischen und dann auch alle irdische Reiche durchdringt und daher auch vom menschlichen Ich gewollt und ergriffen werden kann, ist letztlich auch das Ziel und die Heimat für den menschlichen Willen vorgegeben.

Im menschlichen Willen lebt zunächst einmal das persönliche Ich, hier bin ich, hier sind wir im Selbstsein zu Hause, da finden wir die inneren Impulse, die in eine selbstbestimmte Zukunft weisen. Diese inneren Impulse dürfen wir wahrnehmen lernen, aber nicht nur bei uns, denn damit würden wir uns allzu leicht in den vielfältigsten Wünschen und Neigungen unseres niederen Menschen verlieren.

Heutzutage ist bei vielen Menschen das Willensleben durch die moderne Konsumwelt oftmals so stark korrumpiert, dass man sich lieber den vielen Verlockungen und Bequemlichkeiten überlässt, was aber in der Folge den Willen nur noch mehr schwächen kann. Nicht in einem Mangel der analytischen Fähigkeiten, auch nicht so sehr in den schwachen Herzens-Qualitäten liegen unsere heutigen Probleme, sondern, und das zeigt sich überall, im Willen, der das Erkannte eben auch umsetzen soll. Wir wissen zum Beispiel alle sehr gut, wie schädlich bestimmte technische und zivilisatorische Errungenschaften auf das Leben der Erde wie auch auf die Gesundheit des Menschen einwirken, doch um diese Erkenntnisse umsetzen zu können, bedarf es eines starken und konsequenten Willens, ansonsten ist man eher ein Opfer seiner eigenen Wunschnatur, die natürlich den einfachen und bequemen Weg bevorzugt. Eine Willensschulung ist demzufolge unabdingbar.

Stärken wir unseren Willen beziehungsweise werden wir uns immer mehr unseres Willensvermögens bewusst, können wir allmählich lernen, in die eigenen inneren Impulse und Willensregionen und sogar in die anderer Menschen einzutauchen, um

auch deren Neigungen und Ziele darin zu erspüren und wahrzunehmen. Dies nennt man eine Intuition.

Unseren Mitmenschen können und dürfen wir dabei helfen, ihr
Schicksal gesunden und heilen zu wollen und zwar vor allem, in
dem wir uns in sie einfühlen, eine Empathie entwickeln und allmählich versuchen, sie zu „vergöttlichen", in dem wir den Mitmenschen helfen, das Göttliche beziehungsweise den göttlichen
Willen in ihnen selbst sehen zu lernen. Aber dies nicht durch ein
Missionieren und Überzeugen wollen, auch nicht durch magische
Beeinflussungen, sondern in dem dieser selber lernt, sein eigenes
Schicksal besser zu verstehen und sich dadurch allmählich in
einen großen Zusammenhang mit dem Weltenschicksal stellen
kann. Diese bewusst gewollte Zuwendung zu den Schicksalen
unserer Mitmenschen lässt in der Folge das eigene Schicksal erst
wirklich gesunden. Wenn jeder nur für sich das Gute will, würde
nämlich nicht viel Gutes entstehen. Erst wenn wir das Gute vor
allem auch für Andere wollen und dabei behilflich sind, natürlich
unter der Berücksichtigung ihres freien Willens, kann sich Gutes
ereignen. Also nicht das Wirken aus einem persönlichen Helfer-
willen, dem sogenannten Helfersyndrom ist hier gemeint, jedoch,
die Not, die Fragen und das Suchen der Anderen sollen und können uns zur Richtschnur werden für das eigene Spüren, Horchen
und Tun.

In einem Füreinander können wir die Aufgaben des Anderen
sehen und fördern lernen, durch eine Intuition, durch ein Eintauchen in die Willensregionen und damit in die Zukunft des
Anderen. Der Geist des Herzens, der Geist der Liebe zeigt sich
letztlich in einer „Brüderlichkeit", in einer Ökonomie der Liebe.
Jeder schaut und sorgt dabei für die Bedürfnisse und Erfordernisse
der Anderen. Dadurch tauchen wir ein in die Liebe selbst. Und auf
diesem Weg, auf dem Weg des Helfens und Heilens wird schließlich auch mir geholfen. Es wird mir gezeigt, wohin mein Weg
mich führen soll und welche Aufgabe mir hierbei zugedacht ist.

Also gilt es zunächst einmal, die individuelle Aufgabe zu finden
und zwar, in dem wir den Mitmenschen helfen, deren schicksalhaften Weg gehen zu können. Dann erst wird sich eine Aufgabe,

eine Anstellung, ein spirituelles Werk, ein Ort und das entsprechende Umfeld finden. Denn die Welt wird uns letztlich zeigen, wo und wie, für was und mit was sie uns gebrauchen kann. Innen und Außen sollen schließlich zusammen kommen. Ich warte auf den inneren Ruf, der durch das Außen, durch die Mitwelt geweckt wird, wenn zuvor Altes beendet wurde, das mich abhält „leer" zu werden, offen zu sein für den inneren Ruf, für die neue Aufgabe. Bevor Neues geschehen kann, muss Altes, müssen seelische Abhängigkeiten überwunden werden. Was uns hindert leer, offen und rein zu sein, müssen wir anschauen, denn es hält uns noch gefangen. Solange die Seele am Leiblichen beziehungsweise am Sinnlichen hängt und davon abhängig ist, ist sie noch nicht wirklich frei. Es geht im Endeffekt in der Menschheitsentwicklung jedoch um die Freiheit der Seele und dies durch eine freie Entscheidung für und mit dem lebendigen Geist.

Ich entscheide mich daher für die seelische Freiheit und ich erschaffe mir einen seelisch-geistigen Freiraum, in mir – das ist die Vorstufe zur Meditation. In diesem Freiraum kann ich mich dann selbstbestimmt ausrichten, zum Beispiel auf die Frage, was eben meine Aufgabe ist. Wir dürfen mit ganzer Seele, mit ganzem Herzen eintauchen in diese Frage, achtsam lauschen, damit sich ein Zukunftswille offenbaren kann. Dadurch gewinnen wir einen Zukunftsblick.

Die Zukunft gilt es zu lieben. Das Herz vermag es, in die Vergangenheit sowie in die Zukunft zu schauen, jedoch, es lebt selbst jedoch im Hier und Jetzt, ist also in der Gegenwart präsent. Die Vergangenheit dürfen wir bejahen und dafür dankbar sein. Die Zukunft lieben bedeutet nun, dass wir uns von ihr auch verändern lassen. Die Zukunft führt voran, wenn wir nicht mehr am Alten kleben, wenn unser Herz für die Zukunft offen ist. Daraus ertönt und ruft das Weltenwort. Es existiert zunächst jenseits unseres wachen Gegenstandsbewusstseins. Wie der Blitz erscheint und ergreift es die Seele, wenn diese geistesgegenwärtig im Punkt, im Kern, im Augenblick erwachen kann. Es zeigt darin den weiteren Weg und das zukünftige Ziel.

Dieses innere Wort beziehungsweise diese intuitiven Geistesblitze gilt es nun in das Bewusstsein aufzunehmen, in unser Denken und dieses immer wieder neu vom Herzen führen zu lassen – in die Zukunft hinein.

Intuition bedeutet ein Einssein mit dem, was kommt. Der göttliche Wille ist die Zukunft, die das innere Herz, die die Herzens-Liebe anstreben will. So können wir uns ganz vom Welten-Willen durchfluten lassen, ihn lieben – in Hingabe, im Vertrauen, im Opfern des Eigenwillens und letztlich auch in seiner Gnade. Das ist es, worauf ich hier aufmerksam machen wollte.

Mit einem Gedicht möchte ich dies Gesagte nun beschließen.

Ein neuer Weg

Begehre die Befreiung vom großen Mein und Dein.
Kehr um aus der Verhaftung an das Ding – an den großen Leib.
Begehre stattdessen eine Leere und Offenheit,
in der die Fülle der Gnade erscheint.
So wirst Du wahrhaft frei.

Begehre nicht das Finstere, das Dich fesseln will.
Begehre nicht den Eigennutz – Dein aufgeblähtes Sein.
Begehre stattdessen Deinen wahren Namen,
Dein innerstes Wesen in Gott.
Begehre liebend die Reinheit des Lichts, die göttliche Gnade,
die für Dich bereitet ist.
Bitte darum, suche sie und danke dafür.

Strebe an, ein „Kind" des Lichts zu sein,
so wirst Du erfahren:
Gottes Geburt im inneren Sein.
Der Funke wächst und findet die Liebe
zum Licht und zur Freude im Herzen der Welt.
Lausche dazu der Stimme der Stille in Dir.
Sie ist ewiglich im Jetzt und Hier.

Die Jakobsleiter – eine Kosmosophie

Ein religiöser Mensch wird durch die inneren Kräfte des Glaubens und des Vertrauens in das Wirken der göttlichen Welt ganz bestimmt irgendwann einmal von dieser Welt berührt. Eine mystische Erfahrung, ein sich Erheben, Durchlichten und Durchströmen, in sich und über sich hinaus, lässt uns Gottes Wirklichkeit erspüren, vor allem dann, wenn wir die Gegenwart Gottes in uns suchen wollen.

Gott ist immer da, wenn wir uns Ihm mit ganzem Herzen, mit ganzer Seele, mit ganzer Kraft und mit aller Liebe und Demut zuwenden. Das Göttliche durchstrahlt, durchflutet, durchlebt und erleuchtet alles und damit auch uns selbst. Nur ist es nicht immer ganz einfach zu spüren, aus welchen Sphären diese inneren Strömungen und Energien stammen, denn das Himmelreich ist weit und hat viele „Wohnungen".

Welche Sphären wir nun erleben, wenn wir uns dem Göttlichen zuwenden, können wir zunächst nur erahnen oder aber, wenn wir uns dieser göttlichen Reiche allmählich immer bewusster werden.

Was uns dabei stört, behindert und abhält, ist meistens nur unser niederes Ich beziehungsweise es sind die kleinlichen, ängstlichen und unruhigen Seelenzustände, die immer wieder verhindern, dass wir die Gegenwart Gottes spüren. Doch diese seelischen Unruhen und Ablenkungen können wir erkennen und annehmen und wir dürfen sie immer wieder dem Göttlichen übergeben. Dann werden wir bereit, uns auf den Weg zu diesem aufzumachen.

Wir steigen auf, letztlich so weit, wie wir in uns hineingehen, quasi hinabsteigen – in die Tiefe, in die Leere, in die Stille, aber mit wachem Bewusstsein, ganz offen, dankbar, demütig und rein. So treten wir zunächst ein in unser geistiges Herz. Da begegnet uns zuerst der spirituelle Meister beziehungsweise die Meister, die auf Erden wirken, zum Beispiel ein Christian Rosenkreuz, ein Rudolf Steiner, ein Meister Jesus, ein Novalis, der Maitreya Bodhisattwa, Omraam Mikhael Aivanhov, Valentin Tomberg, Arthur Schult, Daskalos und viele andere. Symbole, zum Beispiel das Rosenkreuz zu meditieren, wie auch Farben und Klänge, eine Chakren-Arbeit und Mantren und vieles mehr können uns zudem helfen, um den geistigen Sphären näher kommen zu können.

Auf der ersten Stufe, die in der Kabbala <u>Malkuth</u>, das Reich genannt wird, also auf unserer Erde, die einmal das Reich Gottes werden soll, da müssen wir eben auch mit unserer spirituellen Arbeit beginnen. Malkuth entspricht in analoger Weise und Entsprechung unseren Füßen.

Sicherlich wollen viele Geistsucher gleich nach ganz „oben", zum Ursprung, zu Gott hingelangen. Doch ohne eine gewisse Reinheit der Seele sind die höheren Sphären nicht wirklich zu finden. Eine psychologisch-seelische Aufarbeitung unserer Schatten, vor allem unserer negativen Gedanken, Gefühle und Empfindungen, ist somit unabdingbar. Ein reines, heiteres und positives Denken, Fühlen und Wollen lässt uns allmählich in die Sphäre der Engel hineinwachsen.

Die zweite kabbalistische Ebene wird <u>Jesod</u> genannt, sie ist kosmologisch dem Mond zugeordnet und entspricht beziehungsweise sie ist auch die Sphäre der Engel, der Boten Gottes und damit auch unseres Schutzengels. Ihn dürfen wir um eine innere Führung und um Schutz bitten. Dann senden Engel uns die Kräfte, die wir für eine Reinigung beziehungsweise für die Reinheit des Lebens brauchen. Jesod wirkt im Menschen im Unterleib beziehungsweise in den Geschlechtsorganen. Die entsprechende Farbe ist hier das Rot.

Die Ebene <u>Hod</u> beschreibt in der Kabbala die Merkursphäre. Hier begegnen uns die Erzengel, die auch Feuergeister genannt werden und damit eben auch die Volksgeister. Widar, bekannt aus den germanischen Mysterien, impulsiert hier den deutschsprachigen, den mitteleuropäischen und den skandinavischen Raum. Daher dürfen wir uns, ganz besonders in unserer sklerotisierenden und einengenden Zeit, mit diesem hohen Geist verbinden. Ihn können wir nach unserer spirituellen Aufgabe in der Welt fragen. Erzengel verwalten das heilige, das göttliche Feuer, mit dem sie uns Menschen impulsieren wollen. Von ihnen bekommen wir die Kraft und die Fähigkeit zur Intelligenz. Im Körper weist die Sakralgegend in diese Sphäre. Die Farbe dafür ist Orange.

Netzach entspricht kosmologisch der Venussphäre. Hier waltet der Zeitgeist, Michael, er überreicht seinen Dienern die Fackel des Geistesmutes. Die Archai oder Fürstentümer schenken dem Menschen eine innere Ordnung und Harmonie. Eine Sphäre des Heilens kann daraus erstehen. Der leibliche Bereich ist hier entsprechend der Solar Plexus, die Farbe ist Gelb.

Tipheret – das Reich der Sonne. Hier wirken die Elohim, auch Exusiai, die Schöpfergeister oder Tugenden genannt. Tipheret zeigt die Schönheit, die Herrlichkeit des göttlichen Lichtes, mit dem diese Wesenheiten uns beschenken wollen. In dieser Sonnensphäre können wir eine wirkliche Christus-Verbindung finden. „Christus in mir – Christus in meiner Mitte – Christus ist meine Mitte". Christus heilt von dieser Mitte aus, wenn nicht mehr das kleine, das persönliche Ich diese Mitte anstreben will und diese besetzt hält. Christus ist der Heiland in uns. Das Herz ist der Ort seines Wirkens. Die Farben sind leuchtend grün und rosenfarben.

Geburah – die Sphäre des Mars, der Dynameis oder der Geister der Bewegung, der Mächte. Sie beschenken uns mit Mut, Tapferkeit und Kühnheit, stehen aber auch für eine gewisse Strenge und Disziplin. Der Körperbereich ist der Hals beziehungsweise das Hals-Chakra. Die Farbe ist hellblau.

Chesed – die Jupitersphäre. Die Kyriotetes, Herrschaften oder Geister der Weisheit wirken darin. Sie verwalten die göttlichen Urbilder allen Seins und beschenken uns mit Großzügigkeit, Erkenntnis und Mitgefühl. Körperliche Entsprechung: die Stirn. Farbe: blau bis violett.

Binah: Die Sphäre des Saturn. Hier wirken die Throne, die Geister des göttlichen Willens. Sie schenken Beständigkeit, sowie eine Treue gegenüber dem Geist und ein Verständnis der Mysterien. Sie führen aber auch zum Hüter der Schwelle heran. Eine Begegnung mit den eigenen und den kollektiven Schatten ist hier unabdingbar. Wir müssen darin ganz eintauchen, abtauchen bis zum letzten „Grund". Körperlich: die Scheitelregion. Farbe: violett. Die Grenze unseres Sonnensystems ist erreicht.

Zwischen Binah beziehungsweise dem Saturn und der nächsthöheren Sphäre Chokmah, planetarisch dem Uranus zugeordnet, befindet sich die Ebene <u>Daath</u>. Sie ist und bedeutet aber nichts Wirkliches, das heißt, sie entspricht keinem eigenen Reich, keiner eigenen Sephirot, sie ist nämlich nur eine Durchgangssphäre, ein Durchgang durch das „Nichts". Plutonische Energie zerstört hier alles, was nicht reif für den Himmel ist. Hier in Daath müssen wir unsere seelischen Wunden erkennen und heilen lernen; vorher kommt man nicht in den höheren Devachan und damit in die Sephirot Chokmah hinein.

Der Planetoid Chiron, er verbindet im Kosmos die Saturn- mit der Uranus-Umlaufbahn, er ist somit der „Schlüssel", er weist den Weg zum großen Hüter, wenn zuvor Altes geopfert wurde, wenn durch Tod und Wandlung das „Nichts" durchschritten worden ist. Darin begegnet uns auch der tiefste Abgrund, das Urböse. Dieses erscheint noch vor dem Eintritt in die höheren Reiche der geistigen Welten. Hier wird letztlich eine freie Entscheidung des Menschen verlangt: Verleugnung des Göttlichen oder der Gehorsam und die Hingabe an den Welten-Willen und damit entsprechend der Tod oder das ewige Leben, die Welt der Vergänglichkeit oder die Reiche der Himmel.

Chiron heilt die plutonischen Abgründe, wenn wir die richtigen Strategien anwenden. Hingabe, Selbstlosigkeit und Liebe, diese seelischen Kräfte und Qualitäten, sie öffnen die Tür zum hohen Ich, zum Geistselbst, dem ewigen Wesen in uns. Natürlich geschieht dies alles nicht nur allein aus dem menschlichen Willen heraus, also ohne die Gnade und Hilfe der göttlichen Welt. Erst mit dieser wird diese Grenze überschritten; es ist letztlich ein Akt der Gnade, der wir uns aber würdig erweisen dürfen.

Chokmah, die Ebene des höheren Devachan erscheint. Die Uranussphäre beherbergt das Manasprinzip, den göttlichen Kern, der einmal im Geistselbst des Menschen zu einer Geburt kommen soll. Die Cherubime, die Geister der Harmonie, sie behüten diesen heiligen Raum. Sie sind unsere Schicksalsgestalter und schenken uns immer wieder bestimmte Erneuerungsimpulse aus den Sphären des lebendigen Geistes. Der Cherub steht bildlich gesprochen mit seinem Flammenschwert als der große Hüter vor dem göttlichen Sein und Leben. Er bewacht den sogenannten Garten Eden, das Elysium und damit das Reich Gottes.

Einen Übergang in die Welt der heiligen Trinität bildet die Sephirot Kether, die Neptun-Sphäre. Die Seraphine, die Geister der göttlichen Liebe schenken daraus neues Leben. Hier waltet das kosmische Buddhi-Prinzip. Kether ist die Spitze des kabbalistischen Lebensbaumes. Was darüber oder dahinter ist, wird Ain Soph Aur, Ain Soph und Ain genannt, das Unaussprechliche und Unnennbare, also die überkosmischen und übergeistigen Ebenen der göttlichen Dreieinigkeit.

Somit haben wir bis hierhin die zehn Sephirot beziehungsweise das Menschenreich und die neun Reiche der Hierarchien kennengelernt.

Die Welt der Formen und Handlungen, in der wir Menschen leben, das ist Malkuth, das Reich der Erde. Von hier aus müssen wir beginnen. Hier ist des Menschen natürliche Wirkensstätte. Darauf folgen die Welten der Gestaltungen, der schöpferischen Kräfte, die sich in Jesod, Hod und Netzach kundtun. Die Welten der Offenbarungen, der rein geistigen Schöpfungen finden sich in Tipheret, Geburah und Chesed. Darüber erstehen die Welten der Emanationen, der geistig-kosmischen beziehungsweise der himmlischen Ausströmungen durch Binah und vor allem durch Chokmah und Kether. Daraus urständen und kommen alle himmlischen Impulse und Kräfte, die sich in den unteren Welten einen Ausdruck und einen Abdruck verschaffen.

Weitet sich die Seele noch weiter in den kosmischen und überkosmischen Raum, so betreten wir die Sphären, die ihren Abdruck im Tierkreis wiederfinden. Die Kabbala nennt diese Ebene Ain Soph Aur. Es ist die Sphäre des Heiligen Geistes, die im Tierkreis quasi ihren Ausfluss, ihren „Saum" und damit ihr „Ende" beziehungsweise ihre Entsprechung findet. In der Sphärenharmonie, in der kosmischen Weisheit, im Licht der Wahrheit begegnen wir hier der himmlischen Sophia. Der Tierkreis und der Sternenhimmel, das ist der sichtbare Abdruck für die Welt der Sophia, für die kosmische Weisheit. Von ihr hat sich der Mensch durch den Sündenfall gelöst. Mit ihr soll sich die menschliche Seele zukünftig wieder verbinden und dies vor allem, wenn sie die Weisheit des heiligen Geistes in sich aufnehmen und im irdischen Leben anwenden lernt.

Die Dreifaltigkeit aus Vater, Sohn und Heiligem Geist beinhaltet als Nächstes noch die Sphäre des Sohnes: Ain Soph genannt. Der sogenannte Kristallhimmel ist nicht mehr im Raum, er ist „hinter oder über" dem Sternenhimmel, da wo sich alles Räumliche, Materielle und Zeitliche in der Unendlichkeit auflöst. Er beschreibt und offenbart die überkosmische, die himmlische Welt. Der Kristallhimmel beherbergt die Welt der göttlichen Urbilder für alles Seiende beziehungsweise die schöpferischen Kräfte des Logos. Hier urständet schließlich die himmlische Liebe, die in Christus eine wesenhafte Form angenommen hat.

Und zuletzt kann sich der Mensch mit der Welt des göttlichen Vaters verbinden, mit Ain, mit dem sogenannten Feuerhimmel. Hier entspringt und urständet das ewige Leben, der allwaltende göttliche Wille des Vaters. Hier erst ist das Ende der Wege für den Menschen erreicht: Atman, der Geistesmensch, er wird gebildet aus den Emanationen des göttlichen Vaters, die zukünftig einmal bis in das Leibliche des Menschen einwirken werden.

Aus dem Kristallhimmel strömt das schöpferische und schaffende Wort. „Im Urbeginne war das Wort ..." also aus der Christus-Sphäre, aus der Sohneskraft.

Im Feuerhimmel ist die Welt Gottes zu finden, aus ihm entspringt das göttliche Licht, die allumfassende Liebe und eine unendliche Güte, mit der die Welt erschaffen und erhalten wird, denn alle Reiche, die geistigen und die physischen, urständen letztendlich darin.

Der Kosmos, die geschaffene Welt, die uns bekannte Schöpfung, sie beinhaltet folglich auch die schaffenden Kräfte des göttlichen Vaters, dessen Eindruck und Wille im kosmischen Mutterwesen, in der sogenannten biblischen Urflut, die Schöpfung entstehen lässt. Der Kosmos erstand aus dem Zusammenwirken von Vater, Sohn und Heiligem Geist beziehungsweise im Zusammenwirken und Schaffen der Vater- mit der Mutter-Gottheit, sowie dem göttlichen Sohn und der göttlichen Tochter.

Jedoch, auch die Widersachermächte haben darin einen Einfluss, da die himmlische Sophia, das Weibliche in Gott beziehungsweise die kosmische Weisheit des Alls für den Menschen und für die gefallenen Hierarchien im Laufe der geschichtlichen Entwicklung immer mehr verloren ging. So wurde aus einer ehemals einheitlichen Schöpfung eine polare Struktur, ein Dualismus geschaffen. Unsere Aufgabe ist es seither, immer wieder die Ganzheit und damit die Überwindung der polaren Gegensätze in der Welt, zum Beispiel die von Licht und Finsternis und dies vor allem auch in uns selbst zu finden. Deshalb sollten wir uns immer wieder aufrichten, hin zum Geist der Wahrheit, hin zur himmlischen Sophia und damit zu den Kräften, die im Sternenhimmel, also in den Sphärenharmonien ihren Ausdruck haben. Dieser höhere Teil der Seele hatte sich durch den Sündenfall von der niederen menschlichen Seele abgespalten. Ihn müssen wir daher wieder suchen, so dass er wieder zum Ganzen des Menschenwesens dazu gehört. Der Mensch lebt heute mehrheitlich ja noch in der Spaltung seines höheren von seinem irdischem Wesen. Hat er dereinst seine Erdenmission vollendet wird die Trennung von himmlischen und irdischen beziehungsweise von kosmischen und sinnlichen Bewusstseins-Inhalten einmal überwunden sein.

Der Feuerhimmel hat keinen Raum mehr, er ist nicht mehr in uns oder um uns oder über uns. Er ist einfach da, er wohnt in Allem als göttliches Leben und als göttliche Willenskraft – im Sein und in der Gegenwart Gottes. Christus hat uns diese Sphäre im Irdischen, im Menschen-Ich wieder erschlossen. Er führt zum göttlichen Vater, zum Welten-Urgrund, denn er hat den Vaterwillen im Erdenreich vorgelebt – vollkommen, rein und selbstlos. Und er hat gesprochen und gehandelt aus den Weisheitsschätzen des Heiligen Geistes und sich im Menschen hingegeben bis in den Tod, alle Seinsbereiche mit seiner Kraft der Liebe durchdringend.

Sich mit dem Göttlichen ganz verbinden, eins werden, das ist die Unio mystica, die mystische Hochzeit im Inneren der Seele. Doch erst, wenn auch die Unio conjunctionis beziehungsweise die chymische Hochzeit, die Vereinigung mit allem, mit der natürlichen Welt, mit dem Kosmos und mit den Geisteswelten vollzogen ist, sowie mit den eigenen Seelentiefen und zwar durch einen Prozess der Wandlungen, also durch Metamorphosen beziehungsweise durch Tod und Auferstehung, ersteht eine Ganzheit. Und dies immer wieder neu – Stufe um Stufe steigend. So dürfen wir auf der Jakobsleiter auf- und niedersteigen, Bürger zweier beziehungsweise vieler Welten werden, nicht nur in den irdischen, sondern auch in den seelisch-geistigen und in den himmlischen Welten. Es gilt dabei, das Irdische ins Himmlische zu heben, zu veredeln und zu verklären und das Himmlische ins Irdische herunter zu bringen. Keine Einseitigkeiten sind daher mehr angesagt. Denn dies ist der Ruf der Zeit!

Nicht Abheben wollen vom Irdischen und auch nicht ein Hochmut, der uns nämlich immer wieder abhält, „hinauf" zu kommen, ist daher angesagt. Zu gerne setzt sich unser Ego selbst auf den Thron und möchte göttlich sein. Ja, in unserem innersten Wesen sind wir göttlich. In unserem Manas, Buddhi und Atman sind wir nach Gottes Ebenbild erschaffen. Der paradiesische Mensch, der Adam Kadmon, der kosmische Mensch war eben nicht klein und dumm, so wie sich das manche vielleicht vorstellen, die den intellektuellen und gescheiten Menschen über alles stellen wollen. Dieser ursprüngliche Mensch hatte ja noch ein kosmisches Bewusstsein, war noch ganz im Makrokosmos angebunden, also ein hohes Geistwesen, das sich noch am Lebensbaume, an und in den göttlich-geistigen Sphären bedienen konnte. Erst der Sündenfall, das Essen der Früchte des Erkenntnisbaumes, brachte die Verfinsterung und Ablösung vom kosmischen Leben und Bewusstsein. Dafür wuchs das Sinnesbewusstsein und der menschliche Eigenwille und damit allmählich auch ein Selbstbewusstsein, so wie wir es heute kennen. Doch ein Kern, ein Funke dieser Göttlichkeit lebt noch als ein „Gottesfunke" tief verborgen in uns. Diesen inneren Menschen, diesen lichten, großen und göttlichen Menschen dürfen wir in uns gebären. Das ist die Weihenacht der Seele, die Gottesgeburt im inneren Sein.

Im Inneren, in der Nacht, in der Dunkelheit der Seele gebiert sich der Gottesfunke, die innere Sonne, die sich mit dem Heiligen Geist, mit Christus und mit dem Vater vereinen will.

Unsere innere Sonne, der Gottesfunke und damit auch unser höheres Ich, sie sind göttlicher Natur. Sie überstrahlen alle kosmischen Reiche. Das sollten wir nicht vergessen. Denn dadurch können wir im Laufe zukünftiger Zeiten zur Krone der Schöpfung heranwachsen. Nur müssen wir, wie der Gärtner, den zarten Keim, das innere Licht, den Gottesfunken pflegen und schützen, damit er einmal groß und stark werden kann, bis hin zum Atman, zum Geistesmenschen, zum Menschen in Gott und zum Gott im Menschen.

Nur vom irdischen Menschen aus gesehen sind wir oftmals unstet, schwach und zerrissen, was unsere seelischen Kräfte anbelangt, auch wenn wir vielleicht äußerlich gesehen recht stark und erfolgreich erscheinen.

Tipheret, die Sonne, das „Ich bin" des Menschen, muss irgendwann durch Daath hindurch, muss durch das Nichts, durch das „Chaos", durch das Nadelöhr, muss am kleinen Hüter der Schwelle vorbei, um dem großen Hüter, dem Weltenrichter, dem Cherub mit dem Schicksalsschwert begegnen zu können. Lieben wir dessen Aufgabe, die er uns zugewiesen hat und noch zuweisen wird, folglich auch immer unser irdisches Schicksal, so wird der Weg allmählich frei zu Kether, der Sphäre des geistigen Lebens, der göttlichen Liebekraft und weiter zu den kosmischen Gesetzen und Urbildern und schließlich zum Göttlichen selbst.

Christus, der selbst alle Welten durchschritten und mit seinem Geist durchdrungen hat, er kann dadurch ein Führer und Wegweiser für uns Menschen sein. Christus ist sogar selbst der Weg und er ist die Gnade, die uns, egal wo wir gerade stehen, entgegen kommen will.

Zusammenfassend können wir demzufolge den neuen Menschen beschreiben als eine Verbindung des irdischen Menschen, der irdischen Dreiheit nach Körper, Seele und Geist beziehungsweise des Mikrokosmos Mensch mit einem Bewusstsein für die äußere, für die sinnliche Welt, sowie für seine innere, menschlich-seelische Kraft und mit dem kosmischen, mit dem himmlischen Menschen, also auch mit dem Makrokosmos, den wir aber erst wieder erringen müssen. Davon allmählich ein Bewusstsein zu gewinnen, macht diesen Weg erst wirklich möglich.

Die irdische Dreiheit beinhaltet:
den Körper – die Erde
die Seele – den Mond und die Planeten
den Geist – die Sonne,
die himmlische Dreiheit umfasst:
das Geistselbst, Manas – den Tierkreis und die Sterne – die Sophia
den Lebensgeist, Buddhi – den Kristallhimmel – den Sohn
den Geistesmenschen, Atman – den Feuerhimmel – den Vater.

Weitet sich die menschliche Seele zur Sophia, in den Kosmos hinaus, über die Planeten bis zum Tierkreis und dann weiter, wenn sich das „Ich bin", wenn sich der sonnenhafte Wesens-Kern, wenn sich also der Menschengeist mit der Christuskraft erfüllen kann und nochmals weiter, wenn sich auch der physische Körper erfüllt beziehungsweise wenn dieser durchströmt wird mit göttlichem Leben, so kommt der irdische und der himmlische Mensch, kommen Menschliches und Göttliches zusammen. Langsam und stetig wachsend, mehr und mehr und über viele Inkarnationen hinweg wird so die Krone der Schöpfung, eine neue Hierarchie im großen Schöpfungsplan erschaffen. Und wir Menschen sind es selbst, die daran mitwirken und mit-schaffen dürfen. Das ist es, auf was es im tiefsten Grunde wirklich ankommt. Unser aller Ziel ist der neue, der zukünftige Mensch, der sich ganz, der sich mit all seinem Sein und Leben mit dem göttlichen Ursprung, mit der göttlichen Welt verbunden und vereint hat. Daraus ersteht die neue, die zukünftige Welt.

Ein Nachwort

Mögen wir auch noch so viele geistige Erfahrungen und Erleuchtungen erleben, so müssen wir doch immer wieder zurück in den Leib, wie auch in das alltägliche Leben der Welt. Und das ist auch gut so. Denn eine achtsame und meditative Seelenhaltung macht den Menschen zunächst einmal offener und empfänglicher. Wir entwickeln durch eine spirituelle Schulung vor allem auch eine Fähigkeit zur Empathie und zum Mitgefühl für unsere Mitwelt. Spirituelle Fähigkeiten bedingen und erfordern nämlich auch ein soziales Engagement und ein sich Hinein-versetzen können in die seelischen Beschaffenheiten und in die Nöte anderer. Die Seele weitet sich und kommt dadurch auch ein Stück weit von sich selbst weg und das ist gewiss recht heilsam. Bleibt es aber vorwiegend bei dieser offenen und empfangenden Yin-Seelenhaltung, so kann mit der Zeit bemerkt werden, dass damit des öfteren ein gewisser Schutz oder ein bei sich sein Können verloren geht. Damit wird man natürlich auch empfänglicher für bestimmte negative Energien aus der Mitwelt, die sich in unserer Zivilisation überall ausbreiten und möglichst viele Menschen vereinnahmen und attackieren wollen. Daher muss auch Wert gelegt werden auf eine zentrierende Yang-Seelenhaltung, die sich behaupten kann, die innerlich stark ist und die dadurch auswählen, entscheiden und bestimmen kann, für welche Energien sie sich öffnen will.

Das, was zum Beispiel in der Meditation und Kontemplation mit der geistigen Welt von dieser empfangen wird, diese Kräfte müssen wir in uns bewahren und so stärken, damit sie uns vor äußeren und fremden Einflüssen schützen und wir uns innerlich behaupten können, denn gerade nach schönen geistigen Befruchtungen und Erlebnissen sind die Widersachermächte ganz besonders daran interessiert, diese Errungenschaften zunichte zu machen. Wir brauchen demzufolge zur vita contemplativa genauso eine vita activa. Das Eine ohne das Andere geht auf Dauer gesehen nicht.

Eine Begegnung des Innen und des Außen, sowie des Oben und des Unten darf sich ichhaft vollziehen, in dem wir immer bewuss-

149

ter damit umgehen lernen und dabei spielerisch ausgleichend und harmonisierend agieren.

Vom Empfangen zum in sich Selbst-sein und Verarbeiten bis hin zum Anwenden in der Welt ist es ein weiter Weg. Oftmals herrscht noch ein innerer Streit zwischen dem innerlich Erkannten und dem nach Außen gerichteten Wünschen und Drängen beziehungsweise zwischen geistigen Idealen und den irdischen Bedürfnissen. Ora et labora – bete und arbeite. Anfangs mag dies manchmal noch getrennt sein, die Arbeit ist vielleicht noch wenig sinnerfüllend, die seelischen Wünsche und Ideale tasten noch ins Leere. Zukünftig soll sich aus dieser Polarität aber eine Kunst entwickeln, die die Gegensätze, die Zeiten der inneren Übung und die Zeiten der äußeren Tätigkeiten, zusammenbringen kann. Je mehr wir lernen, damit spielerisch umzugehen, um so stärker wird man mit der Zeit feststellen können, dass sich das äußere Betätigungsfeld immer mehr den inneren Impulsen, Idealen und Werten angleichen will. Das heißt mit anderen Worten, wir sollen versuchen, das äußere Leben nach inneren Einsichten und Motiven gestalten zu lernen. Ein Zusammenklang darf sich ereignen, auf eine Impression folgt eine Expression und auf diese wieder eine Impression und so weiter. Das Äußere korrigiert und reflektiert, vor allem, wenn das Innere, wenn die meditative Seelenstimmung auch bei der äußerlichen Tätigkeit, bei der Arbeit bewahrt werden kann oder eben noch nicht. So werden wir durch die Arbeit auch wieder zu uns selbst zurückgeführt. Waren meine Impulse richtig, so wird die Arbeit harmonisch verlaufen, wenn nicht, so entsteht die Frage, wo muss ich mich innerlich noch verändern, damit irgendwann keine Trennung mehr vom Leben im Außen und im Innen existiert.

Doch so wie die Welt heute zumeist nur auf Äußerlichkeiten beziehungsweise auf Oberflächlichkeiten ausgerichtet ist, benötigt es recht viel Geduld und Ausdauer, um auch innere Werte der Mit-Menschlichkeit und damit des Humanen, des Guten und Wahren in den Alltag und in die Gesellschaft einfließen lassen zu können. Das Wissen von einem besseren Leben allein genügt noch nicht. Man sollte es auch leben und wenn es nur im Kleinen ist. Ruhe,

Entspannung und Muse dürfen sich abwechseln mit sinnvollen Tätigkeiten für sich und für die Welt. Zum Beispiel kann unsere Arbeit politisch, für mehr Demokratie ausgerichtet sein, wie auch für eine gesunde Ökologie, für die vielfältigsten sozialen und humanitären Fragen oder für eine menschengemäße und nachhaltige Ökonomie, die einen bewussteren Umgang mit dem Geld verlangt. Viele Bereiche des Lebens sollen und können von einem spirituellen Geist so befruchtet werden, dass sie einer Gesundung und Heilung zugeführt werden können. Auch die Erde als ein lebendiges Wesen bedarf einer menschengemäßen Haltung ihr gegenüber, vor allem eine Dankbarkeit, Aufrichtigkeit und Ehrlichkeit, sowie den Willen, zum Guten hin zu wirken – das ist doch entscheidend.

Eine neue Zeit will erstehen. Noch sind viele Untergangsszenarien zu beobachten, zum Beispiel im bevorstehenden Klimakollaps, in den Finanz- und Wirtschaftskrisen, im zunehmenden Arm – Reich Gefälle, im Anwenden zerstörerischer Techniken wie der Atomkraft und der Gentechnologie, in der gesundheitsschädlichen Elektronisierung und Digitalisierung zu vieler Lebensbereiche und so weiter. Diese Auswüchse müssen auf ihre negativen Beweggründe und Ursächlichkeiten hin durchschaut werden. An deren Stelle brauchen wir gesunde und zukunftsweisende Techniken und sozialpolitische Änderungen. Dies bedeutet praktisch gesehen noch sehr viel Arbeit, Widerstand und Ausdauer. Jeder ist hier aufgerufen, mitzuwirken. Noch sind die alten, die konservativen und autoritären Kräfte, die der Gier nach Geld und Macht unterlegen sind, recht stark. Wenn sie aber in den kommenden Jahren nicht gemäßigt und überwunden werden, wird es viele Leiden geben müssen.

Die Welt des Guten will im Irdischen errungen, gewollt und manchmal auch erkämpft werden. Denn erst dann wird sie uns auch eigen. Die entscheidende Frage dabei ist jedoch die, ob die Mittel für diesen Kampf selbst gut sind, das heißt, dass sie niemanden verhöhnen, beleidigen, erniedrigen, gefährden oder zerstören. Die Mittel heiligen den Zweck und nicht umgekehrt, so wie dies bei vielen Menschen noch angenommen wird. Es geht ja letztlich um innere Werte und um seelische Fähigkeiten, die sich der Mensch vor allem auch in der Auseinandersetzung mit dem Negativen erwerben kann. Erkenntnislicht, Mitgefühl, Weisheit und Liebe sind die guten Kräfte, die uns auf diesem Wege weiterhelfen. Nicht eine Verurteilung und Verachtung dürfen wir daher für das Unvollkommene und Schlechte aufbringen, sondern eine echte Feindesliebe, denn die „Gegner" eines geheiligten und gesunden Lebens auf der Erde, sie spielen ihre eigene Rolle in dem großen Schauspiel, das den Titel tragen könnte: „Menschheit – wohin?" Und dies mit einer notwendigen Dringlichkeit, damit das Gute daran wachsen und reifen kann.

Somit wird das Böse uns so lange provozieren und anstacheln, bis wir gelernt haben, darin ein Gutes herauszuschälen. Gute Werte dürfen wir eben ganz besonders am Unguten im eigenen Inneren und zwar bis in den Charakter und bis in die Lebensgewohnheiten hinein ausbilden und diese so gewonnenen Werte wiederum in das praktische Leben der Welt hineintragen.

So hat alles einen Sinn und langsam aber sicher wächst der Mensch dadurch in neue Seinsbereiche mit neuen Seelen- und Geistesqualitäten hinein. Ein neuer Mensch in einer neuen Welt ersteht, wenn dieser in sich, angeregt durch die äußere Welt, menschlich-göttliche Kräfte entwickeln will.

Um die göttlichen Kräfte müssen wir aber gar nicht kämpfen. Sie stehen uns immer zur Verfügung, wenn wir uns dafür öffnen können. Der Kampf beginnt ja erst im irdischen Alltag, wenn diese Impulse im praktischen Leben, in den Widerwärtigkeiten und da vor allem in der Auseinandersetzung mit dem Bösen und Unbewussten umgesetzt werden sollen. Denn da gibt es die meisten Widerstände, in der Mitwelt, aber auch im eigenen Seeleninneren. Jedoch, mit viel Geduld, Ausdauer und Bescheidenheit kann jeder seinen Beitrag leisten, um sich und der Welt etwas von den Werten des Wahren, des Schönen und des Guten einverleiben zu können. Und darauf kommt es letztlich an.

In diesem Sinne danke ich dem Leser für sein aufmerksames Wohlwollen und der geistigen Welt für ihre Führung und Inspirationen, die sie mir während des Schreibens zugute kommen ließ.

Literaturverzeichnis

Gregory / Treissmann: Aura – Handbuch
Axel Brück: Die Anderswelt-Reise
Anton Kimpfler: Gaben der Anthroposophie
Rudolf Steiner: - Die Kernpunkte der sozialen Frage
        - Wie erlangt man Erkenntnisse der höheren Welten?
        - Mysteriendramen
        - Pfade der Seelenerlebnisse
Lumira: Lass dich nicht behexen
Helga Schaub: Befreiung von Dunkelmächten
Peter van Veen: Der hermetische Weg
Arthur Schult: Zeit und Ewigkeit im Jahreskreis
        - Urgeschichte der Menschheit
Mikhael Aivanhov: Der Mensch erobert sein Schicksal
        - Weisheit aus der Kabbala
Oliver Fritsch: Alles anders
Getrud Ennulat: Wo die Waldfrau wirkt
Elisabeth Mittelstädt: Da hörte ich Gott zu mir reden
Dorothea Gersdorf: Lieben statt siegen

Von Franz Weber, dem Verfasser der hier vorliegenden Schrift, sind weitere Abhandlungen und Bücher erschienen. Hier eine Auswahl:

- Auf dem Weg zum Gral – für die Sucher und Hüter des heiligen
        Gral
- Partnerschaften im Lichte eines spirituellen Christentums
- Im Namen des Wortes – eine geistige Wegweisung
- An die Mutter Erde – Betrachtungen zur spirituellen
        Entwicklung von Erde und Mensch
- Lichtwärts – Betrachtungen für ein geistgemäßes Leben in
        heutiger Zeit
- Vom Bauen am Tempel des Lebens – Auf dem Weg zum Sinn,
        zu menschlicher Fülle und zur geistigen Bestimmung
- Zeitfragen im Lichte der hermetischen Philosophie

- Zeit zur Umkehr
- Wege zum Heil – Aspekte zur Heilung von Mensch, Erde und
       sozialer Welt
- Tarot – die großen Arkana im Lichte der Hermetik
- Aufbruch zur Dimension der Tiefe
  Teil 1: Praktische Hilfen für das Leben in der sozialen Welt
  Teil 2: Hilfen für den Weg zum inneren Leben
- und einige mehr

Des weiteren existiert noch ein vielseitiges künstlerisches Werk
mit Bildern, Objekten und Gedichten.
Alle Bücher sind bisher im Verlag Books on Demand erschienen.
Näheres unter:
www.perceval-institut.de
www.steine-kunst.de
oder bei BoD, Books on Demand im Internet.

Franz Weber, im Herbst 2010 und im Frühsommer 2020